한 권으로 남은
정조의 한글 편지

《정조어필한글편지첩》

일러두기

- 이 이야기는 국립한글박물관에서 소장하고 있는 《정조어필한글편지첩》에 실린 편지를 바탕으로 구성하였습니다. 편지에 대한 소개는 국립한글박물관에서 제공하는 자료를 참고로 원문과 현대적인 해석을 함께 실었습니다.
- 편지를 쓴 정조 임금이 성군이 되어 가는 여러 과정을 담았습니다. 특정 사건과 일화는 역사적 사실에 근거하였으며, 정조의 개인적인 느낌이나 감정 등에 대한 표현은 작가적 상상력으로 표현하였습니다.
- 이야기 속 등장인물 '호'는 가상인물로, 임금 바로 옆에서 시중을 들던 내관입니다. 이 책에서는 승정원에서 심부름을 하던 정원사령이나 조선 시대 왕실 편지를 전달했다고 전해지는 팽례와 같은 역할을 추가했습니다. 따라서 '호'와 정조 임금 간의 개인적인 이야기는 역사적 사실을 바탕으로 한 가상의 이야기임을 밝힙니다.
- 연대기를 비롯해 본문에 표시한 날짜는 음력 기준입니다.

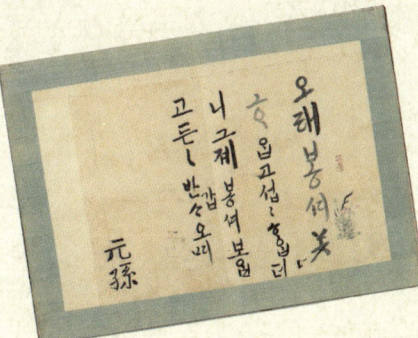

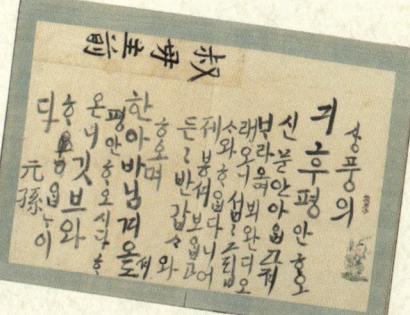

한 권으로 남은
정조의 한글 편지

개정판 1쇄 발행 2025년 6월 20일
글 황은주 **그림** 한수언
기획 및 편집 책상자 디자인 윤형선
펴낸곳 책상자 펴낸이 윤인숙 **출판등록** 2019년 6월 10일(제 2019-000105호)
주소 경기도 고양시 덕양구 삼원로 73, 810호(원흥동, 원흥한일원스타 지식산업센터)
전화 070-8657-3203 **팩스** 0504-183-8848
블로그 http://blog.naver.com/thebookbox **이메일** thebookbox@naver.com

© 황은주, 한수언, 책상자 2025

이 책은 저작권법에 따라 한국에서 보호받는 저작물이므로, 무단 전재와 무단 복제를 금합니다.
이 책의 일부 또는 전부를 이용하려면 반드시 저작권자와 책상자의 서면 동의를 받아야 합니다.

ISBN 979-11-992890-0-0 73810

어린이제품안전특별법에 의한 표시
품명 어린이 도서 | **제조국명** 대한민국 | **제조사명** 책상자 | **사용연령** 8세 이상 | **제조연월** 2025년 6월

한 권으로 남은
정조의 한글 편지

글 황은주 그림 한수언

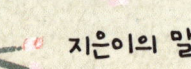

지은이의 말

한글 편지 너머 정조를 만나요

　이제 막 글씨 쓰기 연습을 시작한 어린아이가 쓴 듯한 글씨……. 그러나 그런 글씨체로 쓰인 편지 내용은 어린아이 같지 않았습니다. 친척 어른이 잘 계신지 안부를 묻고, 작아진 버선을 동생에게 물려주겠다는 아주 기특한 내용이 담겨 있었으니까요.
　이 편지의 주인공은 우리가 잘 알고 있는 조선의 스물두 번째 임금인 정조입니다. 차별 없는 세상을 만들고 백성을 위한 나라를 만들기 위해 애를 썼던 정조 임금은 여러 편의 한글 편지를 남겼지요.

　1806년 4월 어느 날, 정조 임금의 어머니 혜경궁 홍씨는 막내 동생 홍낙윤을 불렀습니다. 이 해는 정조가 세상을 떠난 지 6년이라는 시간이 흐른 때였습니다.
　"우리 집에는 3대에 걸친 임금의 글씨와 편지가 있으나 낡은 함에 쌓아 놓았을 뿐만 아니라 각처에 흩어져 있어 세월이 지나면 잃어버릴까 봐 염려되는구나."

혜경궁 홍씨의 친정에서는 영조 임금, 사도 세자 그리고 정조 임금이 보낸 글씨와 편지를 많이 보관하고 있었습니다. 특히 정조 임금은 어려서부터 외할아버지 홍봉한을 비롯해 외삼촌, 외사촌 동생 그리고 외숙모에게까지 많은 글씨와 편지를 보냈습니다.
　"필요한 비용과 물품은 내가 감당할 것이다. 그러니 네가 그것들을 모아 첩으로 만들어 후세에 전했으면 좋겠다."
　혜경궁 홍씨의 부탁을 받은 홍낙윤은 그때부터 집 안에 있던 정조 임금의 글씨와 편지들을 하나씩 정리해 나갔습니다. 대략 천오백여 편이 넘는 편지들이 모였습니다. 홍낙윤은 그것을 비단이나 두꺼운 종이에 붙여서 첩으로 꾸몄습니다.
　어린 나이에 한글과 한자를 익혔던 정조 임금은 글씨를 쓸 줄 알면서부터 편지를 썼습니다. 처음에는 주로 가까운 친척들에게 편지를 보냈습니다. 어머니가 아파서 걱정이 된다는 이야기, 어머니를 살펴보러 외가 친척들이 궁에 들어왔으면 좋겠다는 이야기, 외사촌 동생이 과거 시험에 일등을 해서 기분이 좋다는 이야기, 외삼촌이 사위를 보았으니 궁에 들어와 어머니께 혼인 잔치 소식을 전해 달라는 이야기 등등. 정조 임금은 편지를 통해 자신의 소식을 전하고 친척들의 안부도 물으며 친척들과 끈끈한 정을 나누었습니다.
　임금이 되고 난 뒤에는 친척뿐만 아니라 여러 신하에게도 편지를 썼습니다. 아끼는 신하에게 건강을 걱정하며 안부를 묻는 편지, 자신을 반대하는 신하에게 나랏일을 의논하는 편지 들을 보냈지요. 임금이 쓴 편지는 승정원의 정원사령이나 팽례라고 불리는 편지 전달부가 맡아서 전해 주었습니다.

정조 임금은 조선의 어느 임금보다 많은 편지를 썼습니다. 이런 편지들은 대부분 한자로 썼습니다. 반면 편지를 받는 사람이 여성인 경우 한글로 편지를 쓰기도 했습니다.

현재 남아 있는 정조 임금의 한글 편지는 몇 편 되지 않습니다. 정조 임금의 여동생인 청선 공주에게 무더위에 안부를 묻는 편지 1편이 원본으로 남아 있으며 시집간 조카딸의 안부를 묻는 편지 4편이 있으나 이는 원본이 아닌 활자인쇄본으로 남아 있습니다. 그리고 혜경궁 홍씨의 친오빠인 홍낙인의 부인이자 정조 임금에게는 큰외숙모인 여흥 민씨에게 보낸 편지가 있습니다.

그 가운데 이 책에서 펼쳐 볼 한글 편지는 정조 임금이 여흥 민씨에게 보낸 한글 편지 14편입니다. 이 편지들은《정조어필한글편지첩》으로 엮어 놓았는데, 현재 국립한글박물관에 소장되어 있습니다. 1806년 혜경궁 홍씨의 부탁을 받아 동생 홍낙윤이 편지를 정리할 때 첩으로 만든 것들 중 하나입니다.

빨간색 천 바탕에 금장 무늬가 있는 겉표지를 펼치면 분홍빛 속지가 나오고, 이어 정조 임금의 글씨와 편지들이 나옵니다. 이 편지첩에는 정조 임금이 원손 시절에 쓴 글씨 2점과 원손 시절에 쓴 편지 3편과 세손 시절에 쓴 편지 3편 그리고 임금이 된 후에 쓴 편지 8편이 실려 있습니다. 편지는 주로 외가 식구들의 안부를 묻고 있으며, 몇 편의 편지에는 새해 선물로 보내는 물품의 목록도 포함되어 있습니다. 언제 쓰였는지 정확한 날짜가 기록되어 있지 않은 편지도 있으나 정조 임금의 글씨체와 편지의 내용으로 미루어 대체로 언제 쓰였는지를 짐작할 수 있습니다.

  이 편지들을 펼쳐 보면 정조 임금의 한글 필체가 어떻게 변화했는지와 당시 사용되고 있던 한글의 특성을 알 수 있습니다. 무엇보다 《정조어필한글편지첩》은 어린 시절 정조 임금의 한글 글씨를 볼 수 있다는 점에서 인상적입니다.

  이 책에서 소개하는 《정조어필한글편지첩》 속의 편지들을 하나하나 읽다 보면 편지 너머의 정조 임금을 그려 볼 수 있을 것입니다. 아버지를 잃고 자신을 반대하는 세력들에 둘러싸여 목숨을 위협받는 어려운 상황을 모두 이겨내고 훌륭한 왕이 된 정조 임금의 노력을 말이지요. 또 그곳에는 백성들과 함께 하고자 했던 임금의 모습도 있습니다.

  그럼 편지에서 느껴지는 정조 임금의 따뜻한 모습을 만나러 가 볼까요?

2025년 황은주

차 례

지은이의 말 한글 편지 너머 정조를 만나요 10

1. 글자를 익히다_ 원손의 글씨 두 점 16

2. 검소함을 배우다_ 원손의 한글 편지 1 26

3. 스승을 만나다_ 원손의 한글 편지 2 34

4. 할아버지를 위해 공부하다_ 원손의 한글 편지 3 44

5. 조선의 세손이 되다_ 세손의 한글 편지 1 52

6. 공부에 공부를 더하다_ 세손의 한글 편지 2 62

7. 하루의 일을 반성하다_ 세손의 한글 편지 3 72

8. 농사의 어려움을 생각하다_ 왕의 한글 편지 1 82

9. 활시위를 당기다_ 왕의 한글 편지 2 92

10. 백성의 고달픔을 함께하다_ 왕의 한글 편지 3 102

11. 아버지를 그리워하다_ 왕의 한글 편지 4 112

12. 백성의 어려움을 보살피다_ 왕의 한글 편지 5 122

13. 책과 함께 하다_ 왕의 한글 편지 6 132

14. 백성의 이야기에 귀기울이다_ 왕의 한글 편지 7 142

15. 새로운 세상을 꿈꾸다_ 왕의 한글 편지 8 152

이야기를 마치며 162
정조의 시간을 따라가 보아요! 164

1. 글자를 익히다_ 원손의 글씨 두 점

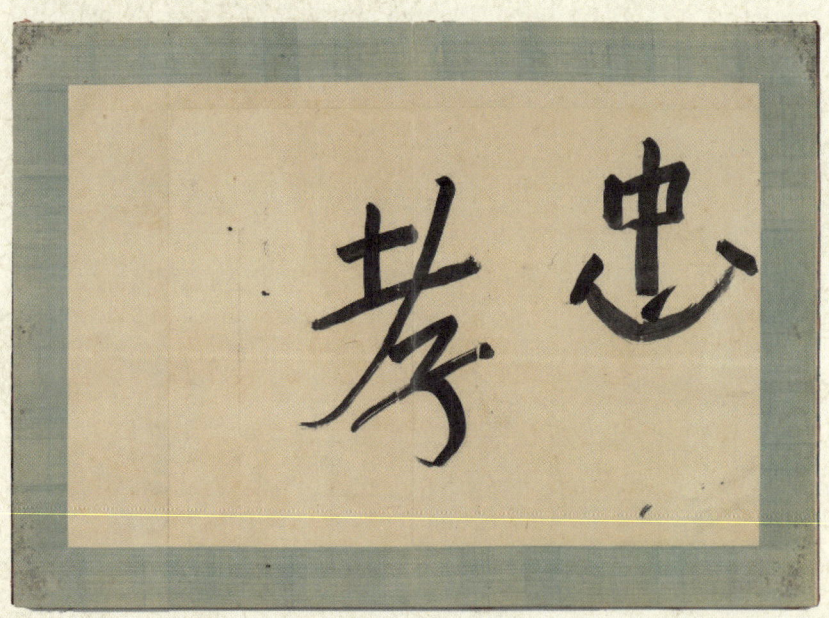

《정조어필한글편지첩》을 펼치면 제일 처음 두 점의 글씨가 나온다. 한자로 쓴 두 점의 글씨는 정조가 3, 4세 무렵에 쓴 것으로 보고 있다. 기록에 의하면 정조가 두 살 때 글자 모양을 흉내 냈으며, 서너 살 때는 필획을 썼다는 내용이 있기 때문이다.

두 점에 쓰여 있는 글자는 충(忠), 효(孝), 인(仁), 의(義), 수(壽), 복(福)이다. 이 글자들은 조선 시대 근본으로 삼았던 유교의 기본적인 정신을 담고 있다. 유교에서는 부모를 공손히 받들라는 '효(孝)'를

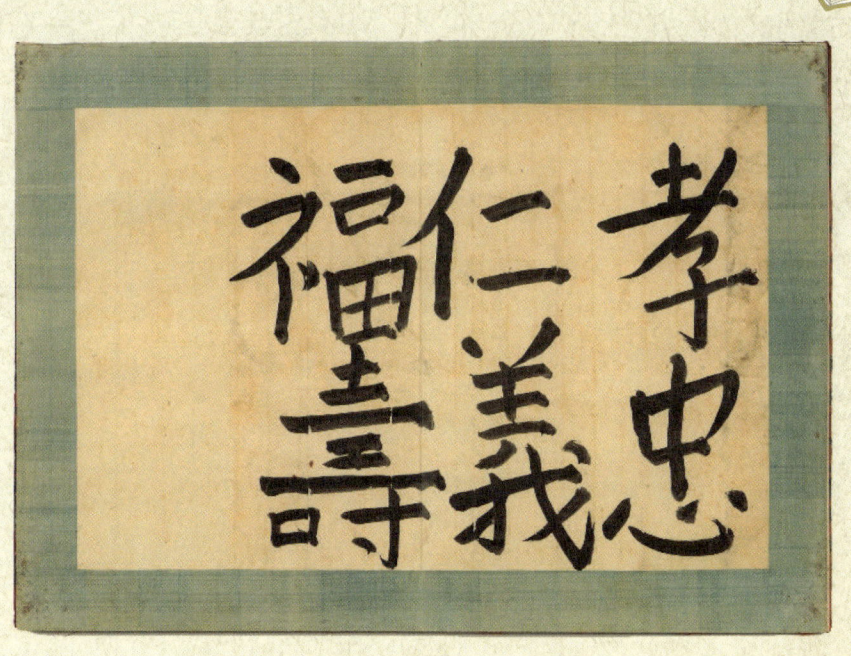

도덕의 기본으로 여겼으며, 나아가 나라에 정성을 다하는 '충(忠)'을 중요하게 생각했다. 또한 인간은 어질고 바른 마음을 가져야 한다는 의미에서 '인(仁)'과 '의(義)'를 중요하게 생각했다. 유교에서 말하는 다섯 가지 '복(福)' 가운데 첫째가 오래 사는 것을 의미하는 '수(壽)'였다.
어린 시절 정조는 유교의 기본적인 정신을 깨우치려는 마음에서 이런 글씨들을 쓴 듯하다.

이날 유시에 상이 창경궁의 영춘헌에서 승하하였는데,
이날 햇빛이 어른거리고 삼각산이 울었다.
– 조선왕조실록 정조 24년 6월 28일

하늘이 무너지면 이런 마음일까? 내 모든 정성을 다해 모셨던 분이 세상을 떠났다. 마치 두 발로 딛고 서 있던 땅이 갑자기 푹 꺼지고 하늘이 쏟아져 내려 머리를 내리치는 것처럼 아득했다.

울지 않으려고 입술을 꽉 깨물었다. 그 분이 세상을 떠났다는 것을 믿을 수 없었다. 하고 싶은 일도 많고 해야 할 일도 많은 분이었다. 그런 분이 갑자기 내 곁을 떠나 버리다니……. 한 번도 그 분이 없는 세상을 생각해 본 적이 없었다.

"호야!"

어디선가 불쑥 나를 부를 것 같아 가만히 귀를 기울였다. 아무 소리도 들리지 않았다. 눈물이 왈칵 나왔다. 울려고 했던 것은 아니었다. 오히려 울지 않으려고 입을 앙다물며 애를 썼는데 나도 모르게 눈물이 흘러내렸다. 마음속 슬픔이 가득 차서 바깥으로 빠져나온 것 같았다. 그 분을 내 마음에서 떠나보낼 수 있을 때, 그때 세상이 떠나가도록 큰 소리로 울겠다고 생각했다. 아직은 그 분을 보낼 수 없었다.

"이름이 무엇입니까?"

처음 그 분이 내게 한 말이었다.

"호라 하옵니다. 마마."

"호라, 무슨 뜻이 담긴 이름인가요?"

"아비가 호랑이처럼 힘센 사람이 되라고 지어 준 이름이옵니다."

대답을 했으나 그 분의 다음 질문은 더 이어지지 않았다. 굳이 나처럼 신분이 낮은 사람과 말을 섞을 분이 아니었다. 나 같은 사람이 가진 이름의 뜻을 묻는 것도 이상했다. 그런데 그게 끝이 아니었다.

"정말 호랑이처럼 힘이 센가요?"

며칠 지났을 때 그 분이 내게 이렇게 물어 왔다.

내 이름의 뜻에 대해 이야기를 꺼냈을 때 깜짝 놀랐다. 설마 그것을 기억하고 다시 물어보리라고는 꿈에도 생각하지 못했다. 나는 임금이 사는 궁에서 일하는 여러 사람들 중에서도 낮은 위치에 있었다. 나이도 어렸고 신분도 낮았다. 그런 나에게 다정하게 말을 건네주었던 사람은 그 분이 처음이었다. 궁에 들어와 잔뜩 오그라들었던 마음이 조금 펴지는 듯했다.

"아직은 아니옵니다. 그래도 힘이 세지려고 애쓰고 있는 중이옵니다."

내 이름의 뜻을 기억해 주어 반가운 마음에 고개를 들어 그 분을 바라보며 대답했다. 함부로 쳐다볼 수도 없는 높은 신분을 가진 분이었지만 마음이 들떠 고개를 들고 보았다. 내 마음을 알아차린 것인지 나를 보고 옅게 미소를 지어 보이던 그 분. 이제 막 네 살 된 어린 원손*이었다.

약간 튀어나온 듯한 이마, 포동포동한 분홍빛 볼, 오똑한 콧날까지 영락없는 어린 아이였다. 그런데 뭔가 달랐다. 차분하면서도 힘이 있는 목소리, 초롱초롱하면서도 깊은 눈망울, 앙다문 입에서 느껴지는 단호함. 아이답지 않게 아주 의젓하고 점잖았다.

"몇 살입니까?"

"올해 열 살이 되었사옵니다. 말을 놓으시지요. 마마!"

나는 원손 곁에서 잔심부름을 맡아서 하기로 한 어린 내관이었다. 아니 사실 정식 내관은 아니었다. 정식 내관이 되려면 시험도 여럿 거쳐야 하고 나이도 더 먹어야 했다.

원래 내관이 될 생각은 없었다. 하지만 늘 가난이 문제였다. 한 끼도 제대로 먹지 못해 먹을 입이라도 줄이겠다며 아버지는 나를 한 내관의 아들로 입양을 보냈다. 그 집안에서는 나를 내관으로 만들어 자신들의 대를 이어 가기를 바랐다. 내 뜻과는 전혀 상관없이 내관이 되겠다고 궁에 들어온 것이었다. 나를 입양 보낸 아버지가 원망스러웠고 내관이 되어 가는 힘든 과정을 생각하니 무섭고 두려웠다. 내관으로서 해야 할 일들을 하나씩 배우면서 몸도 마음도 힘들어 밤이면 베개가 젖도록 울기만 했다. 나보다 나이 많은 내관들은 늘 임금과 임금의 가족을 위해 목숨을 버릴 각오를 해야 한다고 말했다. 그런 마음을 갖기 위해 힘들고 어려운 수련 과정을 참고 견뎌야 했다.

그러던 중에 어린 원손 곁에서 잔심부름이나 하라고 해 이렇게 원손 앞에 앉아

---

* **원손** : 아직 왕세손으로 책봉되지 아니한 왕세자의 맏아들. 또는 상왕의 맏손자.

있게 되었다. 말을 놓으라는 내 말에 원손은 옅은 웃음을 지으며 고개를 끄덕였다.

"마마, 무엇을 하고 계시옵니까?"

키가 작아 방석을 깔고 서안* 앞에 앉은 원손은 붓을 쥐고 있었다. 보드라운 느낌의 손은 희고 작았다. 여리디 여려 보이는 아이의 손이었다.

"효도 효(孝) 자를 쓰고 있는데, 생각보다 잘 되지 않습니다."

"아직 어려서 손에 힘이 얼마 없으니까 그러신 것 같사옵니다."

"호처럼 열 살이 되면, 손에 힘이 들어갈까요?"

멋쩍은 듯 웃으며 원손은 나를 바라보았다.

"네, 그럼요. 그러실 겁니다."

원손은 연약한 손으로 붓을 꼭 쥐고는 놓지 않았다. 힘이 들어가면 잘 쓸 수 있다는 내 말에 잔뜩 손에 힘을 주며 한 획 한 획 글자를 써 내려갔다.

어느새 원손의 이마에 송글송글 땀방울이 맺혔다. 그 모습이 귀엽기도 하고 애를 쓰는 모습이 안쓰럽기도 했다.

"잘 쓰셨습니다, 마마! 글씨를 잘 모르는 제 눈에도 처음 쓰셨을 때보다 훨씬 글씨가 좋아진 것 같습니다. 그런데 왜 효라는 글자를 계속 쓰시옵니까?"

원손은 주로 사람이 기본적으로 가져야 할 마음에 관한 글자로 쓰기 연습을 했다. 같은 글자를 쓰고 또 썼다.

"몇 차례 써 보면 그 글자는 쓸 수 있게 되지만 글자의 참뜻까지는 제 것이 되지 않았습니다. 글자의 뜻까지 제 것으로 만들려면 계속 써 봐야 할 것 같아서 이렇게 쓰고 있습니다."

---

* 서안 : 옛날, 책을 얹던 책상.

아직 엄마 품에서 재롱을 부릴 아기였지만 원손은 보통의 아이와는 사뭇 달랐다. 백일이 되기 전이었을 때도 글자 같은 것을 보면 얼굴이 환해지면서 좋아했단다. 첫 생일상을 받았을 때는 맨 먼저 붓과 먹을 만지고 책을 펴 읽는 시늉까지 해서 그곳에 모여 있던 사람들을 깜짝 놀라게도 했다. 보통의 아이처럼 장난감을 가지고 노는 것보다 《효자도》*나 《성적도》*를 보는 것을 좋아하고 거기에 나와 있는 것을 흉내 내면서 노는 것을 좋아했다. 그런 원손이었으니 '효'라는 글자를 잘 쓰고 싶어 하는 마음을 가질 만도 했다.

"내가 태어나고 할바마마께서 무척 좋아하셨다는 이야기를 들은 적이 있습니다."

"그럼요. 임금*님께서는 마마의 이마가 약간 튀어나온 것이 당신과 꼭 닮았다고 하면서 좋아하셨다는 이야기를 들은 적이 있습니다."

"단지 닮아서 좋아하신 것은 아니겠지요. 아마 제 위 형님께서 돌아가신 뒤여서 더 기쁘셨을 겁니다."

원손이 태어나던 해 3월, 원손의 형인 의소 세손*이 세상을 떠났다. 임금은 의소 세손을 태어난 지 10개월 만에 세손으로 정하면서 왕실을 굳건히 하고자 했다. 하지만 허무하게도 의소 세손은 태어난 지 3년 만에 세상을 떠나고 말았다. 임금은 의소 세손의 무덤 앞 비석에 직접 글을 새길 만큼 슬픔에 빠져 있었다. 그렇듯 큰 슬픔에 빠져 있던 왕실이었기에 원손이 뒤이어 태어난 것은 더할 수 없는 큰 기쁨이었다.

---

* **효자도** : 효성으로 이름난 효자의 행적을 그린 그림.
* **성적도** : 공자의 행적을 그린 그림에 해설을 함께 해 놓은 책.
* **의소 세손** : 사도 세자와 혜경궁 홍씨의 맏아들이면서 정조의 형. 태어나고 바로 세손이 되었으나 3세에 사망하였다.
* **임금** : 정조의 할아버지, 조선의 스물한 번째 임금인 영조를 말한다.

임금은 임금대로 세자*는 세자대로 기쁜 마음을 감추지 못했다. 임금은 원손의 어머니*를 찾아가 나라에 큰 공을 세웠다며 칭찬을 아끼지 않았다. 세자는 원손이 태어나기 전부터 원손을 지극히 사랑하였다.

"마마, 궁금한 것이 하나 있사옵니다."

"무엇이 궁금합니까?"

"세자마마께서 그림을 그려 놓으신 것이 있다고 하던데요. 그것이 어떤 것인가요?"

내 말에 원손은 환하게 웃었다.

"아바마마께서 제 태몽을 꾸셨다고 합니다. 그리고 그것을 그림으로 남겨 놓으셨지요. 훗날 제가 태어나면 그 꿈 이야기를 잊지 않고 해 주시기 위해서 말입니다."

원손이 태어나기 한 해 전 일이었다.

어느 날 세자가 꿈을 꾸었다. 용이 여의주를 물고 세자의 침전으로 들어오는 꿈이었다. 세자는 꿈이 신기해서 그 꿈을 흰 비단에 그려 경춘전 벽에 걸어 놓았다.*

"그래서 제가 효라는 글자를 열심히 쓸 수밖에 없습니다."

"그게 무슨 말씀이신지요?"

"자신을 닮았다며 무조건 내 편이 되어 주시는 할바마마, 말없이 듬직하게 내 뒤에서 힘이 되어 주시는 아바마마, 언제나 다정하게 보듬어 주시는 어마마마.

---

* 세자 : 영조의 둘째 아들이자 정조의 아버지 사도 세자를 말한다. 영조의 기대를 한 몸에 받으며 왕세자로 책봉되었다. 어린 시절에는 별다른 문제없이 자랐으나 훗날 영조와 여러 갈등을 겪었다.
* 원손의 어머니 : 정조의 어머니. 정조가 효장 세자의 아들로 임금에 올랐기 때문에 왕대비가 될 수 없었다. 정조는 왕위에 오르자마자 생모인 혜빈 홍씨를 '혜경궁'으로 높였다.
* 경춘전의 그림 : 《경춘전기》에 따르면, 혜경궁 홍씨가 정조를 낳기 전날 밤에 사도 세자가 용이 여의주를 물고 들어오는 꿈을 꾸고는 길몽이라며 하얀 비단에 용을 그려 경춘전 벽에 걸었다. 그런데 혜경궁 홍씨가 쓴 《한중록》에서는 정조를 임신하기 전에 용꿈을 꾸었다고 하여 차이가 있다. 이 그림은 1830년 화재로 불타 사라졌다.

내가 이 분들께 할 수 있는 일은 효밖에는 없습니다. 그런데 지금은 너무 어려서 할 수 있는 효가 그다지 많지 않습니다. 그러니 이렇게 글자라도 열심히 쓰고 익히고 있지요."

원손은 다시 붓을 들어 한 글자씩 정성껏 썼다.

"마마, 붓을 쥔 손에 힘을 꽉 줘 보시면 어떨까요? 그러면 붓이 흔들리지 않아 글씨 쓰기가 훨씬 나을 것 같은데요."

아는 것은 없었지만 원손한테 도움이 되는 말이라도 해 주고 싶었다. 내 말을 들은 원손은 붓을 잡은 손에 잔뜩 힘을 주었다. 작고 여린 손등에서 힘줄이 솟아오르는 듯했다. 효를 다하고 싶은 마음이 얼마나 간절하면 저렇게 열심히 글씨 연습을 할까? 글씨 연습을 하는 원손을 보면서 문득 원손이 어떤 사람인지 궁금해지기 시작했다. 또 앞으로 원손과 함께 할 시간도 기대되었다.

2. 검소하게 살다_ 원손의 한글 편지 1

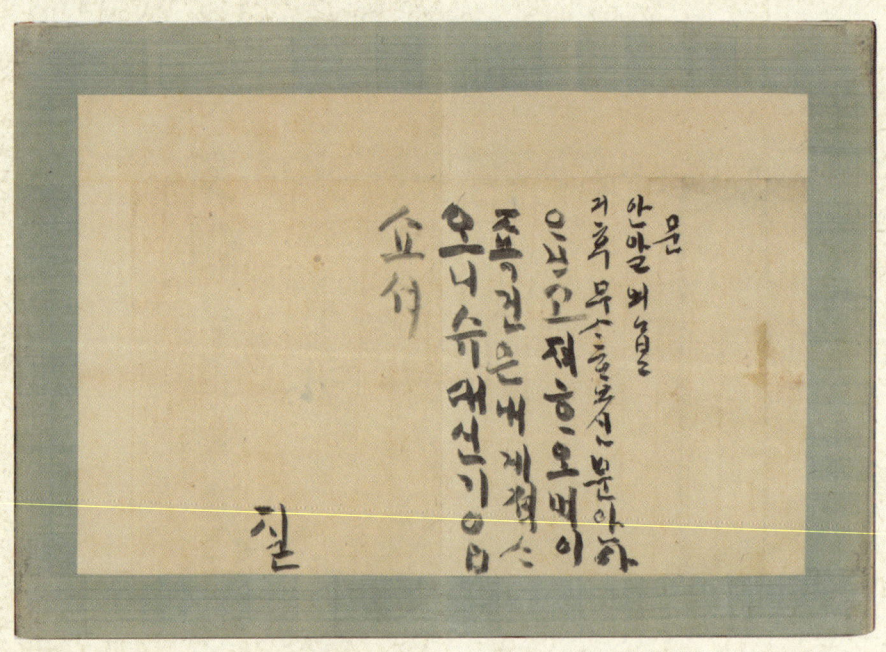

《정조어필한글편지첩》에 있는 첫 번째 편지다. 정조가 왕세손으로 정해지기 전에 쓴 것이다. 비뚤배뚤한 글씨체와 함께 편지를 보낸 사람을 질이라고 쓴 점이 눈에 띈다. 질은 조카라는 뜻으로, 어린 시절 정조가 큰외숙모인 여흥 민씨에게 보낸 것임을 짐작할 수 있다. 편지 내용 중 '기후'는

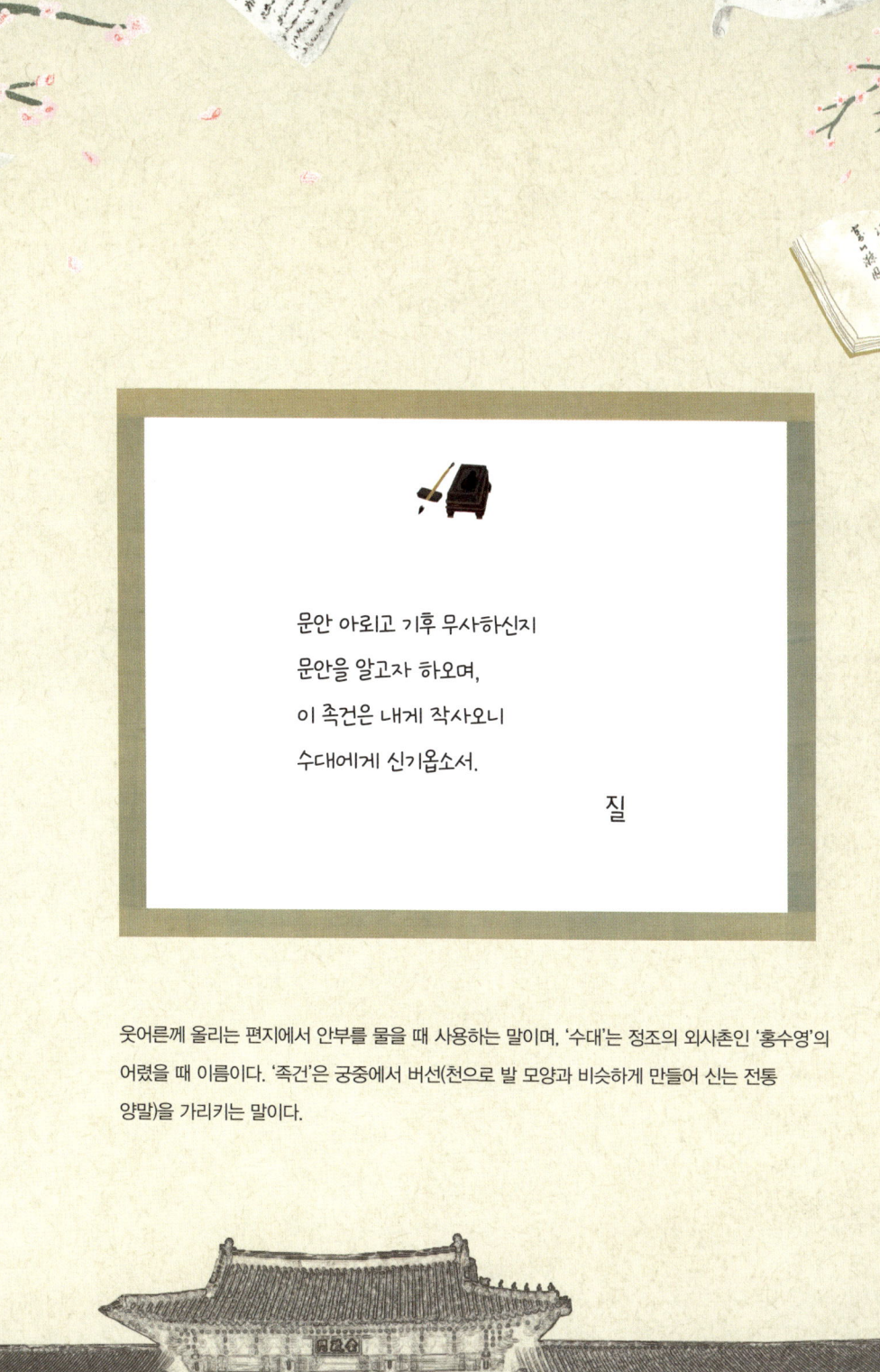

문안 아뢰고 기후 무사하신지
문안을 알고자 하오며,
이 족건은 내게 작사오니
수대에게 신기옵소서.

　　　　　　　　　　질

윗어른께 올리는 편지에서 안부를 물을 때 사용하는 말이며, '수대'는 정조의 외사촌인 '홍수영'의 어렸을 때 이름이다. '족건'은 궁중에서 버선(천으로 발 모양과 비슷하게 만들어 신는 전통 양말)을 가리키는 말이다.

옛사람이 이르기를 '검소함에서 사치로 가기는 쉬워도 사치에서
검소함으로 가기는 어렵다.'라고 하였으니, 이는 경계해야 할 점이다.
- 〈일득록〉* 1, 문학 1

물 속에서 얼마나 오래 숨을 참을 수 있는가. 나무에 거꾸로 매달려 얼마나 오래 버틸 수 있는가. 사람을 업고 얼마나 빨리 달릴 수 있는가. 내관이 되기 위해 궁에 들어와 받은 훈련들이었다. 몸이 견디기 힘든 훈련도 받아야 했지만 무엇보다 입을 다물 줄 알아야 했다. 내관은 자신이 모시는 임금을 위해 목숨을 바칠 각오가 되어 있어야 하고, 어떤 상황에서도 자신이 모시는 임금과 관련된 비밀은 꼭 지켜야 했다. 참고 견디는 인내심은 내관이 갖추고 있어야 할 최고의 조건이었다.

내관이 되기 위한 과정은 고달프고 힘들었지만 그래도 배가 고프지 않아서 좋았다. 궁 밖에 있을 때는 늘 배가 고팠는데 궁에 들어오고는 배를 곯는 일은 거의 없었다. 고된 훈련만 아니라면 궁에서의 생활은 그럭저럭 견딜 만했다.

"부탁이 하나 있습니다."

매일같이 열심히 글씨 연습을 하던 원손이 봉투 하나를 내밀었다.

---

*일득록 : 정조가 경연 등 제반 행사에서 신하들과 나눈 대화 등을 정리해 놓은 책.

"무슨 부탁이신지 말씀만 하시옵소서."

"이것을 안국방* 외갓집에 전해 주었으면 합니다."

"이것이 무엇인가요?"

"큰외숙모*께서 잘 계신지 궁금해서 서찰을 썼습니다."

"서찰만 전해 드리고 오면 되옵니까? 아니면 답서도 받아 와야 하옵니까?"

원래 임금이 쓴 서찰은 그 서찰만을 전담해서 전해주는 사람이 있었지만 아직 원손에게는 그런 사람이 없었다. 대신 내가 그 일을 전부 맡아서 하고 있었다.

"아니요, 그냥 전해 주면 됩니다. 그리고 이것도……."

원손은 조심스럽게 서안 밑에서 뭔가를 꺼냈다. 아주 작은 버선이었다. 약간 해지긴 했지만 추운 겨울에 따뜻하게 신을 수 있도록 솜이 잔뜩 들어간 버선이었다.

"버선 아니옵니까? 그런데 이것을 왜 꺼내셨는지요?"

"이건 제가 신던 것입니다. 이제 제 발이 커져서 이 버선을 신을 수가 없어요. 그래서 사촌 동생에게 물려주려고요."

원손의 말에 궁금증이 생겼다. 안국방에 있는 외가는 장차 임금이 될지도 모르는 원손의 외가였으니 아주 지체*가 높았다. 그런 양반집 아이에게 버선이 없을 리도 없고, 굳이 신던 버선을 물려주겠다는 원손의 마음을 알 수가 없었다.

"마마, 궁금한 것이 하나 있습니다."

"무엇이 궁금합니까?"

"새 버선도 아니고, 신던 것을 왜 물려준다고 하시는 건지요? 외가댁에는 뭐든 다 있을 텐데 말입니다."

---

*안국방 : 조선 시대 행정 구역 중 하나로 현재는 서울의 재동, 안국동 각 일부가 속한 지역을 말한다.
*큰외숙모 : 정조의 어머니 혜경궁 홍씨의 큰오빠인 홍낙인의 부인으로, 여흥 민씨를 말한다.
*지체 : 어떤 집안이나 개인이 사회에서 차지하고 있는 신분이나 지위.

궁금하다는 내 말에 원손은 잠시 입을 다물고 버선을 만지작거렸다.

"저는 태어나면서부터 할바마마께 많은 사랑을 받았습니다. 좋은 것만 입히고 좋은 것만 먹이고 세상에서 좋은 것은 저에게 다 주셨지요."

임금이 원손을 아끼고 사랑하고 있다는 것은 궁 안에 있는 모든 사람들이 다 알고 있는 사실이었다. 아들인 세자에게는 늘 냉정하고 엄격한 임금이지만 원손에게는 더할 나위 없이 살갑고 다정했다.

"이 버선에도 할바마마의 사랑이 담겨 있습니다. 그 사랑을 생각하면 언제까지나 간직하고 싶지만 저에게는 이제 소용없는 물건이 되어 버렸으니 다른 주인을 찾아주고 싶어서요. 궁에서 만들었으니 상태가 좋을 겁니다. 혹시 신던 것을 주면 받는 사람이 싫어할까요?"

"글쎄요, 저 같으면 마마가 신으시던 것이어도 아주 좋을 것 같은데……."

"호가 신기에는 버선이 너무 작을 겁니다."

미안하다는 듯 원손이 나를 보았다. 꿈도 꿀 수 없는 일이었다. 감히 원손이 쓰던 것을 나 같은 사람이…….

"아, 아닙니다. 제 말씀을 드리는 것이 아닙니다. 아마 사촌 동생 분도 기쁘게 받으실 겁니다."

"이건 단순히 버선을 물려주는 일이 아니에요."

"그게 무슨 말씀이시온지요?"

"할바마마……."

원손 입에서 임금의 이야기가 나왔다.

"그리 한 것에는 할바마마를 본받고 배우겠다는 제 다짐이 담겨 있습니다."

"어떤 점을 말씀하시는 건지요?"

"할바마마께서는 하루 다섯 번의 식사를 세 번으로 줄이셨어요. 그리고 그 세 번의 식사도 기름진 흰 쌀밥 대신 잡곡을 섞어 드셨고, 고기보다는 채소 반찬을 더 즐겨 드셨습니다. 할바마마께서 맛있는 것을 몰라서 그렇게 하셨겠습니까?"

그랬다. 임금은 검소한 생활을 몸소 실천하는 사람이었다. 굶주리고 있는 백성을 생각하며 자신의 끼니 수를 줄이기도 하고 입는 것도 아끼고 아꼈다. 비단보다는 명주로 된 옷을 입었고 여러 번 세탁을 해 입어서 솜이 튀어나온 옷을 그냥 입기도 했다. 낡아서 해지면 기워 입는 것은 당연한 일이었다. 금실로 옷감에 무늬를 넣는 일은 사치스럽다고 생각해 아예 금지시켜 버렸다.

"혹시 호는 그 얘기 들어 본 적 있나요?"

"어떤 이야기를 말씀하시는 것이온지요?"

"할바마마의 방석 이야기 말입니다."

"임금님의 방석이요?"

"한 신하가 할바마마에게 방석을 한 개 만들어 올린 적이 있다고 해요."

나는 다소곳이 앉아서 원손의 이야기를 들었.

임금의 방석은 보통 화려한 수를 놓은 비단 천 겉감에 두툼한 솜을 넣은 것이었다. 하지만 지금의 임금은 그 방석을 깔고 앉지 않았다. 방석 대신 그냥 장판에 앉아 나랏일을 보았다. 그걸 안타깝게 여긴 한 신하가 방석을 만들어 임금에게 선물을 한 적이 있었다.

"할바마마께서 비단을 쓰지 못하게 하시니까 무명천에 푸른 물을 들이고 솜을 조금 넣어 방석을 만들어 드렸다고 해요."

"정말 다행이네요. 그 정도는 임금님도 기분 좋게 받으셨겠네요."

"그런데 며칠 있다가 할바마마께서 그 신하를 다시 부르셨다고 해요."

"왜 부르신 거지요? 방석에 무슨 문제라도 있었나요?"

"방석을 돌려주셨지요. 고마운 마음만 받겠다고 하시면서 말입니다."

"편하신데 그냥 앉으시면 되지 왜 돌려주셨을까요?"

"방석에 앉으니 몸은 편한데, 몸이 편해지니까 자꾸 게을러진다면서 검소한 생활을 하면 부지런해진다는 것을 새삼 깨닫게 되었다고 하셨지요."

나 같으면 편하고 좋은 것만 생각했을 텐데 그것을 싫다고 하는 마음이 어떤 것인지 잘 이해되지 않았다.

"저도 할바마마를 본받으려고 합니다. 그래서 이 보잘 것 없는 버선이라도 필요한 사람에게 물려주고 싶습니다."

사실 원손의 말도 다 이해할 수 없었다. 몸이 편해 게을러지는 것보다 불편해도 부지런한 것이 훨씬 좋다는 임금이나 그것을 본받고 싶다는 원손의 마음을 언제쯤 다 알 수 있게 될까?

이야기를 다 마친 원손은 다시 나에게 버선을 내밀었다. 색 바랜 버선에서 번쩍번쩍 빛이 나는 것 같았다. 아니 그보다는 버선을 든 원손의 곱디고운 손에서 더 광채가 나는 듯했다.

나는 원손의 서찰과 버선을 가슴에 꼭 끌어안고 안국방으로 향했다.

3. 스승을 만나다_ 원손의 한글 편지 2

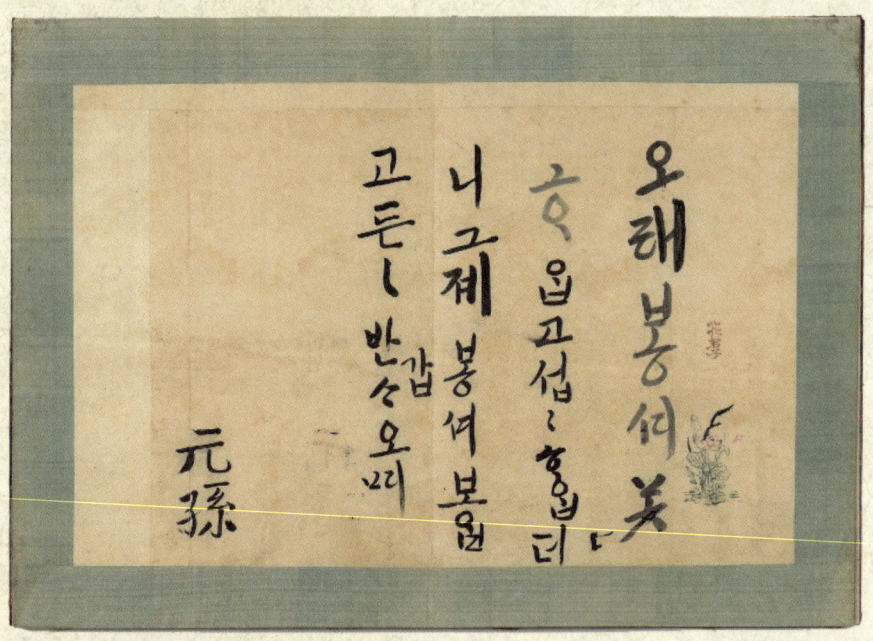

편지 원문 속의 '봉셔'라는 말은 한자로 봉서(封書)이며, 겉봉투를 갖춘 편지를 말한다. 편지를 쓴 정확한 날짜는 알 수 없으나 편지를 쓴 사람이 '원손'으로 되어 있는 것으로 보아 이 편지도 정조가 세손으로 정해지기 전에 쓴 것임을 알 수 있다.

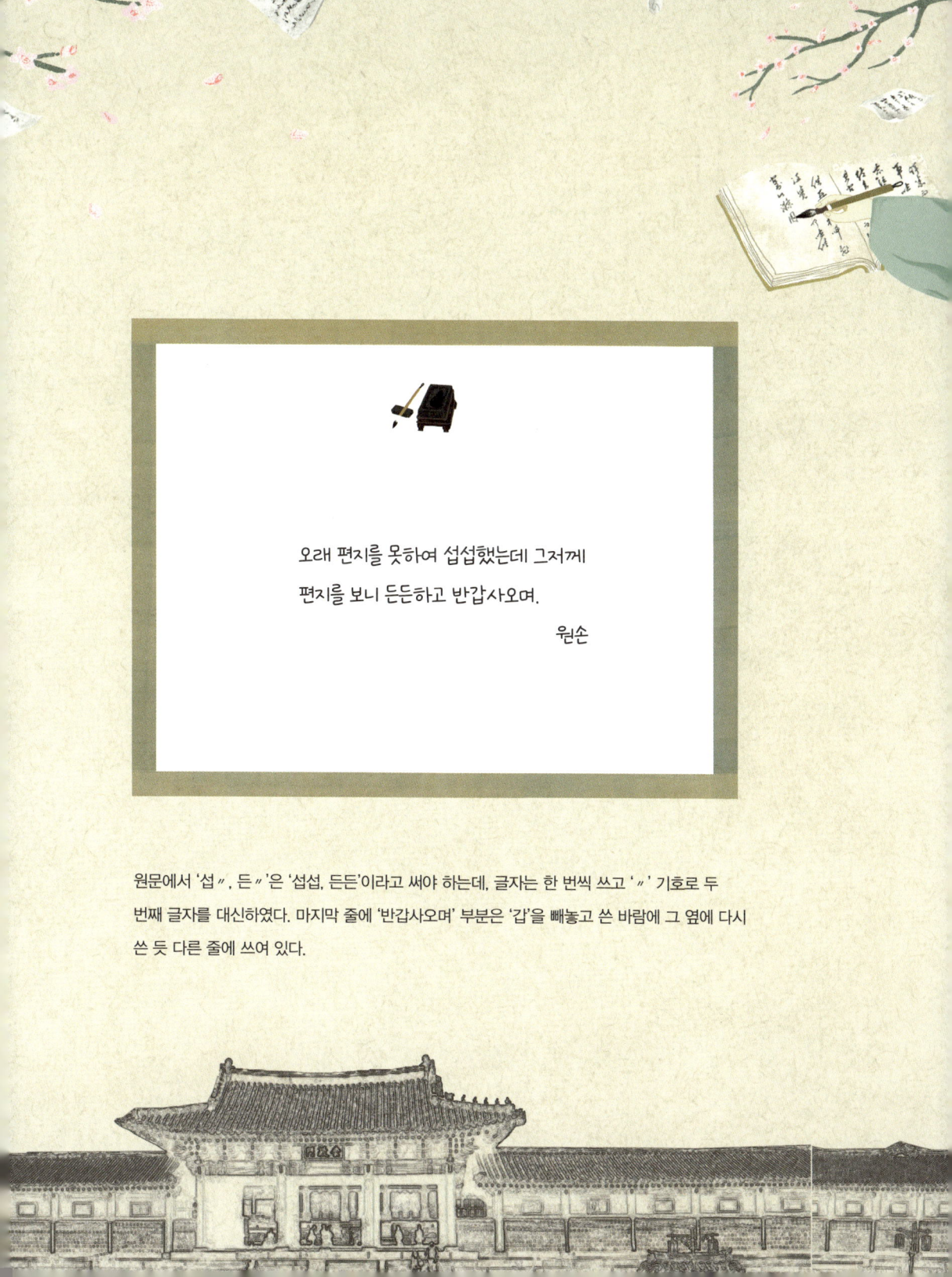

오래 편지를 못하여 섭섭했는데 그저께
편지를 보니 든든하고 반갑사오며.

원손

원문에서 '섭〃, 든〃'은 '섭섭, 든든'이라고 써야 하는데, 글자는 한 번씩 쓰고 '〃' 기호로 두 번째 글자를 대신하였다. 마지막 줄에 '반갑사오며' 부분은 '갑'을 빼놓고 쓴 바람에 그 옆에 다시 쓴 듯 다른 줄에 쓰여 있다.

지금 이것을 경에게 주는 것은 경으로 하여금 고비(皐比:호랑이 가죽)를 깔고 앉은
스승이 되라는 것이니, 경에게 포장하려는 것이 아니고 종사(宗社)를 위한 것이다.
- 조선왕조실록 영조 33년 10월 19일

아직 해가 뜨지 않은 시간이었다. 사방이 어두컴컴했다. 그런데 원손의 방에서는 불빛이 새어 나오고 있었다. 어쩌면 저 불빛은 밤새도록 켜 있었는지 모르겠다.

"원손마마, 일어나셨습니까?"

원손은 어느새 깔끔하게 옷을 갖춰 입고 앉아 있었다. 원손이 태어나면서 원손이 먹을 음식과 입을 옷 그리고 공부할 책까지 모두 보살펴 주는 보양청이 생겼다. 그러다 원손이 네 살이 되자 보양청이 강학청으로 바뀌었다. 보양청이나 강학청이나 모두 원손이 잘 자랄 수 있도록 돌봐 주는 일을 했지만 강학청으로 바뀌면서 원손은 점점 바쁜 나날을 보냈다.

"호도 잘 잤습니까?"

언제나 다정하게 맞아 주는 원손이었다.

"네, 저는 잘 잤는데, 마마도 편히 주무셨는지요?"

원손은 대답 대신 고개를 가로저었다. 아니라는 뜻인 듯했다.

"무슨 걱정이라도 있으신지요?"

원손은 다시 대답 대신 고개를 끄덕였다.

"무슨 일인지 모르겠사오나 마마는 잘하실 겁니다. 기운 내시옵소서."

내 말에 원손은 다시 고개를 끄덕였다. 보통은 여러 이야기를 나누기도 했는데, 이날 원손은 평소와 달랐다.

"원손을 데려오너라."

임금의 명령이 떨어졌다. 매일 아침저녁마다 문안 인사를 드리러 갈 때와는 다르게 원손은 무거운 발걸음으로 임금이 있는 곳으로 갔다.

"몸이 불편해 보이십니다."

임금을 만나고 온 원손의 얼굴이 불그스름해져 있었다. 원손은 아침부터 유독 긴장하고 있었다. 혹시 어디 아픈 곳이 있는지 걱정되었다.

"오늘 처음으로 스승님을 만났습니다. 아주 학식이 높은 남유용*이라는 분입니다. 그런데……."

불그스름한 원손의 얼굴에서 미소가 떠나지 않았다.

"스승님의 무릎에 앉아서 공부를 했습니다."

"무릎에 앉으시다니요? 아니 왜 그러셨는지요?"

순간 걱정이 되었다. 어리광이라고는 모르던 원손이었는데, 스승의 무릎에 앉아서 공부를 했다는 것이 도저히 믿기지 않았다.

"제가 무릎에 앉겠다고 했던 것은 아닙니다."

***남유용** : 조선 시대 문신으로 《뇌연집》 등의 저서가 있다. 1754년에 원손 보양관이 되어 정조에게 글을 가르쳤다.

"그런데 어쩌다 무릎에 앉으셨는지요?"

"스승님과 둘이 남았을 때 스승님께서 저를 가까이 오라고 하시더니 무릎에 앉으라고 하셨습니다. 처음에는 앉을까 말까 망설였는데 스승님께서 자꾸 앉으라고 하시더군요."

"정말이요? 스승님이 왜 무릎에 앉으라고 하셨을까요?"

원손은 대답 대신 벼루에 물을 부었다. 나는 서둘러 먹을 들고 갈기 시작했다. 원손이 벼루에 물을 부었다는 것은 글씨를 쓰겠다는 신호였다.

"스승님께서는 저를 무릎에 앉히고 제 손을 잡고 글자를 하나씩 직접 쓰면서 가르쳐 주셨습니다."

원손의 글공부를 제대로 시키기 위해 스승은 무릎을 내준 듯했다.

"그렇게 공부한 것이 많이 좋으셨던 모양입니다. 기분이 좋아 보이십니다."

"마치 할바마마 무릎에 앉아서 공부하는 것처럼 정말 좋았어요. 직접 제 손을 잡고 가르쳐 주시니까 공부도 더 잘되는 것 같았고요. 그래도 오늘 배운 글자는 혼자서 다시 연습을 해 봐야겠습니다."

어느새 원손은 붓을 들고 있었다. 나는 원손이 글씨를 쓸 수 있도록 열심히 먹을 갈았다.

"이것은 무슨 글자이옵니까?"

"이 글자는 아버지를 뜻하는 아비 부(父)입니다. 스승님께서 글자뿐만 아니라 글자의 뜻도 알려 주셨어요."

"이 글자에는 어떤 뜻이 들어 있는지요?"

孝乎

之從父

於父臣不可以弗事

義則子不可以弗事

於父君故當不

"아비 부에는 한 가정을 다스리는 아버지의 모습과 자식을 따끔하게 가르치는 엄한 아버지라는 뜻이 들어 있습니다. 아비 부와 함께 기억해야 할 글자가 또 있는데, 그것은 어미 모(母)입니다. 어미 모는 어머니가 아이에게 젖을 먹이는 모양을 본뜬 글자라고 해요. 그래서 어머니라는 말에는 기르고 양육한다는 뜻이 들어 있지요."

스승에게 배운 것들을 하나씩 되짚어 가며 원손은 부모라는 글자를 써 내려갔다. 원손은 손으로 글씨를 쓰면서도 입으로는 스승이 가르쳐 준 뜻을 중얼거렸다. 아마 글자의 의미를 되새기는 것 같았다.

"붓을 든 김에 며칠 전에 외숙모님께서 보내신 답서에 대한 서찰을 써야겠습니다."

원손은 스승님께 배운 글자 공부를 마치고 난 후에 서찰을 썼다. 여느 때와 마찬가지로 외가에 보내는 서찰이었다. 외가에서도 원손의 안부를 묻는 서찰을 자주 보냈다. 그럴 때마다 답서를 보냈지만 얼마 전 안국방에서 보낸 서찰에는 답서를 보내지 못한 것을 원손은 내내 마음에 걸려 했다. 스승을 만나는 일을 앞두고 워낙 긴장하고 신경을 쓰고 있던 터라 이내 서찰을 보내지 못했다.

처음 스승과 만난 날 이후부터 원손은 하루도 빠짐없이 열심히 공부를 했다.

"오늘 참 기분 좋은 일이 있었습니다."

그러던 어느 날, 스승과 공부를 하고 온 원손이 처음 스승을 만났을 때처럼 얼굴에 발개져서 돌아왔다.

"오늘도 스승님께서 무릎에 앉혀 주셨습니까?"

"아닙니다."

"그런데 오늘도 굉장히 기분이 좋아 보이십니다."

"오늘은 할바마마께서 스승님께 선물을 내리셨습니다."

"스승님께서 선물을 받으셨는데 마마가 더 좋아하시는 것 같사옵니다."

"할바마마께서 오늘은 스승님께 제가 얼마나 공부를 잘하고 있는지를 물으셨습니다. 그리고 또 저한테 어떤 평가를 내리는지도 물으셨지요."

스승이 원손에게 어떤 평가를 내렸는지는 안 봐도 뻔한 일이었다. 스승과 공부를 하고 온 날 원손은 그보다 더 많은 시간을 혼자서 공부했다. 수도 없이 읽고 외우며 반복해서 공부를 했다.

"스승님께서는 제가 항상 또렷한 목소리로 대답을 잘해서 낮은 평가를 내리고 싶어도 그렇게 하실 수 없다고 답하셨지요."

스승 남유용의 말이 맞았다. 원손은 한번 공부를 시작하면 그것을 다 마칠 때까지 절대로 자리에서 일어나는 법이 없었다. 흐트러진 모습이라고는 전혀 찾아볼 수 없었다.

"저를 잘 가르쳐 주셔서 스승님이 선물을 받으신 것 같아 기분이 좋은데 스승님은 마냥 기분이 좋으셨던 것 같지는 않아요."

"어떤 선물을 받으셨길래 기분이 안 좋으셨을까요?"

"할바마마께서 호랑이 가죽을 선물로 주셨어요."

"와, 호랑이 가죽이라면 정말 귀한 선물인데……."

"할바마마께서 선물을 주시면서 호랑이 가죽을 깔고 앉은 스승처럼 위엄을 갖추고 저를 가르치라고 하셨지요. 그러니 스승님께서는 그 선물을 받고 부담을 가지셨을 거예요. 앞으로 저한테 더 훌륭한 스승이 되셔야 하니까 말이에요."

"임금님께서 그런 의미로 선물을 하셨다면 앞으로 스승님께서 더 엄하게 하실 것 같은데요. 저는 마마가 더 힘드실까 봐 걱정되옵니다."

"호가 걱정해 준다니 고맙군요. 하지만 저는 스승님과 공부하는 시간이 아주 즐겁습니다. 매번 새로운 것을 알아 가는 즐거움이 아주 크니까요."

나 같은 사람은 도저히 이해할 수 없는 마음이지만 원손의 밝은 표정에서 공부가 즐겁다는 말이 진심임을 알 수 있었다. 즐거워하는 원손을 보는 나의 마음이 따뜻해졌다.

4. 할아버지를 위해 공부하다 _ 원손의 한글 편지 3

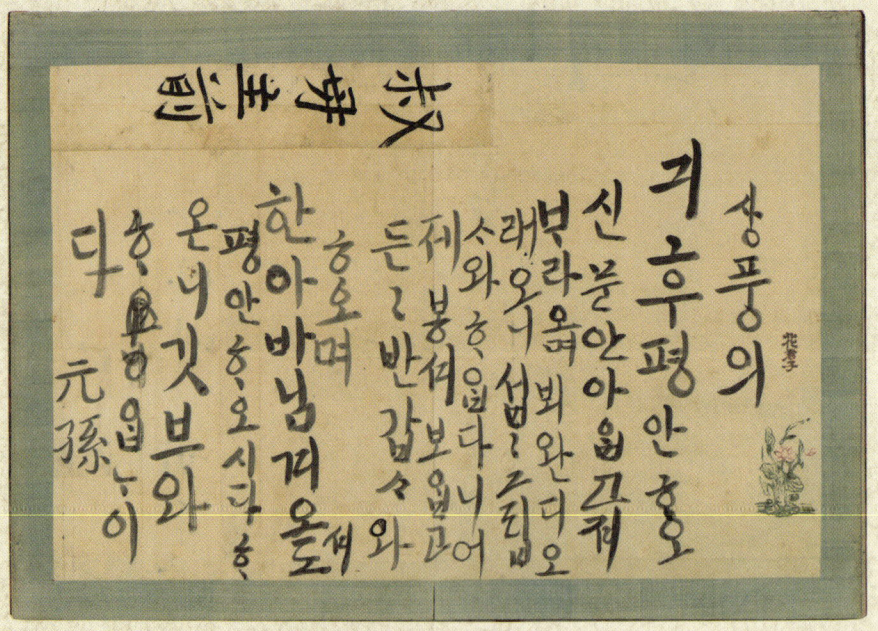

외숙모의 안부를 묻는 편지다. 원손이라고 쓴 것으로 보아 세손으로 정해진 1759년 2월 12일 이전에 쓴 편지임을 알 수 있다. 편지 윗부분에 가로로 쓰인 '숙모주전(叔母主前)'은 봉투에 쓴 것으로 편지를 받는 사람이 큰외숙모임을 뜻한다. 봉투가 편지지 위에 있는 것은 편지첩을 만들 때 봉투를 오려 붙였기 때문이다.

숙모님 앞

서릿바람에 기후 평안하신지 문안 알고자 합니다. 뵌 지 오래되어 섭섭하고 그리웠는데 어제 편지 보니 든든하고 반갑습니다. 할아버님께서도 평안하시다 하니 기쁘옵니다.

원손

편지에 나오는 '상풍'은 서릿바람을 말하는데, 서릿바람은 서리가 내린 아침에 부는 쌀쌀한 바람을 뜻한다. '한아바님겨오셔도'라는 말은 '할아버님께서도'라는 말인데, 여기서 할아버님은 영조가 아니라 외할아버지 홍봉한을 말한다. 이 편지에서도 '섭섭, 든든'은 '섭〃, 든〃'으로 썼다.

또 석강을 행하였다. 임금이 원손을 불러서 나와
입시(入侍:임금을 뵙는 일)하게 하고 《소학》을 외우도록 명하였다.
-조선왕조실록 영조 34년 9월 8일

이상했다. 항상 해가 뜨기 전에 일어나 있던 원손이었다. 그래서 새벽녘에도 불이 켜져 있었는데 방이 캄캄했다. 아마 오늘은 늦잠을 자는 것인지도 모르겠다. 방이 환해질 때까지 바깥에서 기다렸다.

"원손마마 일어나셨습니까?"

조금 있으면 궁 안에 있는 어른들에게 아침 인사를 드리러 가야 할 시간이었다. 어쩔 수 없이 원손이 일어났는지 물었다.

"들어오세요."

그런데 방 안에서 들려오는 원손의 목소리는 금방 잠에서 깬 느낌이 아니었다.

"아니, 이것이 왜 여기 있사옵니까?"

원손은 벌써 한참 전에 일어난 듯 정갈한 차림새로 책을 보고 있었다.

"이것을 왜 방문 앞에 놓으셨는지요?"

병풍이 방문 앞을 가리고 있었다. 병풍 때문에 빛이 밖으로 새어나오지 않아 원손이 깨어 있는 것을 몰랐다.

"이제 그거는 치워도 되겠습니다. 호가 좀 치워 주세요. 그리고 이 서찰 좀 안국방에 전해 주고 왔으면 좋겠습니다."

"언제 일어나셨길래 서찰까지 벌써 다 쓰셨사옵니까?"

"날이 추운데 외갓집 어르신들이 어떠신지 궁금해서 썼습니다. 잘 계시다는 답서를 받으면 마음이 놓일 것 같아서요."

"네, 잘 알겠습니다."

"날이 춥다는데 궁 밖 일을 보게 해서 미안합니다. 서찰은 꼭 큰외숙모님에게 전해 주시고 가능하면 다른 사람 눈에 띄지 않게 조심해서 다녀오십시오."

"말씀하신 대로 하겠사옵니다. 그런데 병풍을 왜 방문 앞에 놓으신 것인지 여쭤 봐도 될런지요?"

"어마마마께서 걱정을 하시니까요."

아기 때부터 책을 좋아한 원손이었다. 원손은 첫 돌 잔치에서 제일 먼저 붓과 먹을 잡았고 글자도 모르면서 책을 펴서 읽는 흉내를 냈다. 그런 원손이 스승 남유용과 본격적인 공부를 시작하면서 책과 함께 하는 시간이 점점 많아졌다.

"그러다 건강을 해칠까 걱정되는구나. 그러니 너무 일찍 일어나지 말고, 몸도 돌보면서 책을 봤으면 좋겠구나."

아침 인사를 갔을 때 원손의 어머니가 한 말이었다. 원손은 거의 매일같이 해가 뜨기 전에 일어나 불을 켜고 책을 보고 있었다. 잠자리에 드는 시간도 책을 보느라 늦어지고는 했다. 잠자는 시간이 턱없이 부족했다. 그러니 어미로서 원손의 건강이 걱정되는 것은 당연했다.

"아, 빛이 바깥으로 새어 나가지 말라고 이렇게 병풍으로 가리셨군요."

"책은 보고 싶은데, 어마마마께서 걱정하실 것 같아 이렇게 했습니다. 어마마마의 눈을 속이는 것 같아 마음이 안 좋기는 하지만 책이 너무 보고 싶어서요."

그렇게라도 책을 보고 싶은 원손의 마음을 나는 언제쯤 이해할 수 있을까?

원손의 공부를 위해 강학청이 생기면서 학문이 뛰어난 스승도 몇 명 더 생겼다. 원손은 그 스승들과 매일 아침, 낮, 저녁 이렇게 하루 세 차례씩 공부를 했다. 한번 공부를 시작하면 보통 삼각* 정도는 쉬지 않고 했다. 하루에 한 교재씩 공부를 했는데 스승이 글자의 음과 뜻을 알려주면 원손은 그것을 수시로 반복해서 읽고 외웠다. 그 다음 날에는 전날 배운 것을 잘 기억하고 있는지 스승이 물으면 원손은 대답을 했고, 대답을 잘하면 또 새로운 내용을 공부했다. 매일매일 똑같은 일과가 이어졌다.

원손의 서안 위에는 여러 책들이 오르락내리락했다. 어떤 날에는 《효경》,* 어떤 날에는 《소학초략》,* 또 어떤 날은 《동몽선습》*이 올라와 있었다. 이렇게 각기 다른 책들이 서안 위에 오르내리는 것은 원손이 공부를 다 마친 책이라도 그냥 제쳐 두는 것이 아니라 수시로 다시 펼쳐 보기 때문이었다. 읽고 또 읽고 한 권의 책을 수십 번 보는 것이 보통이었다.

"한 번 봐서는 그 책을 다 알고 있다는 생각이 들지 않아서 그렇습니다."

왜 수시로 다 본 책을 다시 보는지 묻는 말에 원손이 한 대답이었다. 꼼짝 않고 하루 종일 서안 앞에 앉아 책을 보고 글씨를 쓰는 원손을 보면 안쓰러웠다. 원손이

---

* **삼각(三刻)** : 일각은 한 시간의 4분의 1로, 15분을 가리킨다. 따라서 삼각은 45분을 말한다.

* 소학초략 : 유학의 기본서인 소학에서 중요한 부분만 간추려 놓은 책.
* 효경 : 효도에 대한 유교의 가르침을 기록해 놓은 경전.
* 동몽선습 : 조선 시대 서당에서 〈천자문〉 다음 단계로 배우던 대표적인 어린이용 학습서.

이렇게 열심히 하는 데에는 나름의 이유가 있었다.

"원손을 부르거라."

"원손은 무엇을 하고 있느냐?"

원손 공부에 많은 관심을 가지고 있던 임금은 수시로 원손을 불렀다. 원손이 어떤 공부를 하고 있는지, 공부를 제대로 하고 있는지 묻고 살펴보았다. 심지어 그때까지 없었던 직책을 만들어 원손의 공부에 힘을 보태 주었다.

"전하께서 부르시옵니다."

임금이 부른다는 말에 원손은 그때까지 보던 책을 덮고는 잠시 눈을 감았다. 나지막이 들려오는 작은 목소리.

"부생아신 모국오신(父生我身母育吾身), 복이회아 유이포아(腹以懷我乳以哺我). 아버지는 내 몸을 태어나게 하시고 어머니는 내 몸을 기르셨다. 배 속에 나를 품어 주시고 젖으로 나를 먹여 주셨다."

이럴 때는 조용히 원손을 지켜보고 있어야 했다.

"비례물시(非禮勿視) 비례물청(非禮勿聽) 비례물언(非禮勿言) 비례물동(非禮勿動). 올바른 도리에 어긋나면 보지 말고, 올바른 도리에 어긋나면 듣지 말며, 올바른 도리에 어긋나면 말하지 말고, 올바른 도리에 어긋나면 행동하지 않아야 한다."

임금이 부르면 원손은 잠시 동안 눈을 감고 그 전날까지 공부했던 것을 되짚어 보고는 했다. 다 외운 듯 원손이 눈을 떴다. 가만히 기다리고 있던 나를 향해 쑥스러운 듯 웃어 보였다.

"할바마마께 대답할 내용을 미리 연습해 봤습니다."

원손은 서안 위에 있던 책을 들고 일어섰다.

"그런데 마마, 책이 너무 낡았습니다. 새 책으로 바꾸는 것은 어떠신지요."

겉표지가 너덜너덜해져 금방이라도 찢어질 것 같은 책이었다.

"이 책이 어떤 책인지 호야는 알고 있나요?"

"네, 《소학》이라고 알고 있습니다."

궁에 들어와 글을 배우면서 읽었던 책이었다. 조선의 근본인 유학을 쉽게 알 수 있도록 써 놓은 책이라 어렵지 않게 읽을 수 있었다.

"맞습니다. 그런데 이 《소학》 책은 보통 책과는 다릅니다."

"이 책에는 뭔가 특별한 내용이 들어가 있는 것이온지요?"

내 말에 원손이 고개를 가로저었다.

"그런 것이 아니고요. 이 책은 선왕께서 할바마마에게 물려주신 책입니다. 할바마마는 이걸 아바마마에게 물려주셨지요. 그리고 지금은 제 차지가 되었습니다. 그러니 낡고 닳았지만 저에게는 아주 소중한 의미가 있는 책입니다. 그 무엇과도 바꿀 수가 없지요."

새 책이 필요 없는 이유가 명확했다. 원손에게 《소학》이 특별한 이유는 또 있었다.

"특히 할바마마는 《소학》을 아주 중요하게 생각하시지요. 사람의 됨됨이를 높이는 좋은 구절이 많기 때문에 수시로 읽으라고 하셨습니다. 할바마마도 수백 번 읽으셨다고 하니, 저도 그렇게 하려고 합니다."

원손은 《소학》을 들고 임금을 만나러 갔다. 아마 오늘도 임금이 물어보는 질문에 원손은 막힘없이 척척 대답을 잘할 것이다.

5. 조선의 세손이 되다_ 세손의 한글 편지 1

세손이라고 쓴 것으로 보아 세손으로 책봉된 1759년 2월 12일 이후에 쓴 편지로 보인다. 이 편지를 언제 썼는지는 정확하지 않지만 편지 속의 '수대'라는 인물을 통해 짐작할 수 있다. 편지 속의 '수대'는 정조의 외사촌인 홍수영을 말하는데, 홍수영의 어렸을 때 이름이 수대였다. '수영'이라는 이름은 1761년 6월 13일에 영조에게서 받은 이름이다. 따라서 세손 책봉 이후 그리고 외사촌이 수대로 불리던 때인 1761년 6월 13일 이전인 정조의 나이 9세에서 10세 사이에 쓴 것으로 추정해 볼 수 있다.

날씨가 몹시 추우니 기운이 평안하신지 문안 알고자 합니다. 오래
편지도 못하여 섭섭하게 지냈는데
돌아재가 들어오니 든든합니다. 들어오기 쉽지 않으니 내일
나가라 하니 오늘 나오라 하셨다 하고 오래 못있겠다 하니,
할아버지께서 인마를 내일 보내시길 바랍니다. 수대 못 들어오니
후일 부디 낫거든 들여보내옵소서,

　　　　　　　　　　　　　　　　　　　　세손

글귀를 보면 편지를 받는 외숙모를 높이기 위해 '긔운'은 한 칸 올려쓰고 할아버지를 높이기 위해 '한아바님'은 한 칸 띄워 썼다. 원본 편지 속에 '극한'은 몹시 심하여 견디기 어려운 추위, '돌아지'는 '돌아재'로 보통은 친척 아저씨를 말하지만 아마도 정조와 비슷한 또래의 친척을 말하는 것으로 보고 있다. '인마'는 사람과 말을 한꺼번에 이르는 말로 마부와 말을 뜻한다.

임금이 면복을 갖추고 명정전에 나아가 원손을 책봉하였는데,
원손(元仁孫)*이 교문을 읽었다.
-조선왕조실록 영조 35년 윤6월 22일

늘 세손 가까이에 있었다. 넓디 넓은 궁 안에서 내 또래 아이라고는 찾아보기 힘들었다. 설령 내 또래의 아이가 있어도 그들과 함께 할 수는 없었다. 궁에 있는 사람들은 저마다 맡은 역할들이 다 있었고, 그 일을 다하느라 각자 바쁘게 보내고 있었다.

처음 어린 세손을 모시게 되었을 때 여러 생각이 들었다. 낯선 궁 생활과 힘든 내관 훈련을 받으면서 마냥 편안하게 책을 보며 사는 세손이 부럽고 한편으로는 내 처지가 처량 맞고 불쌍하게 느껴졌다. 나도 세손과 같이 높은 신분으로 태어났다면 어떻게 살고 있을까 상상을 해 보기도 했다. 그런 생각을 할 때면 세손한테 샘도 나고 질투도 났다. 어떤 때는 세손이 밉다는 생각도 했다.

그런데 세손 가까이에서 하루 이틀 지내다 보니 내 마음이 조금씩 움직이기 시작했다. 세손은 말 한마디도 다정하게 전하고 눈빛 하나에도 따뜻함을 보여 주었다. 마음 나눌 사람 하나 없는 외로운 궁에서 세손은 나에게 힘이 되고 위안이

---

* **원인손** : 조선 후기 문신.

되어 주었다. 세손에게 새록새록 정이 생겨났다. 이제는 공부하느라 힘들어 하는 모습을 보면 안쓰럽기도 하고 혼자 밤 늦도록 잠 못 이루고 있을 때면 옆에서 다독여 주고 싶은 애틋한 마음도 생겨났다. 귀한 신분으로 태어난 세손의 처지가 부러울 때보다는 안타까운 마음이 들 때가 더 많았다.

늘 똑같은 일상을 반복하며 지내던 세손에게 궁 밖에 사는 또래 친척 손님이 찾아왔다. 세손은 그 어느 때보다 환한 표정으로 손님을 맞이했다. 밤 늦도록 두 사람은 도란도란 이야기를 나눴다. 궁 밖 아이들이 무엇을 하며 시간을 보내는지 궁금한 것이 많은 세손이었다. 모처럼 궁 밖 이야기를 듣느라 세손은 시간이 가는 줄 몰랐다.
"이 서찰은 지금 바로 갖다 주고 왔으면 합니다."
"안국방에 전해 드리면 되는 건가요?"
또래 친척 아이가 찾아와 이야기를 나누느라 밤늦게 잠이 들었던 세손은 벌써 일어나 서찰을 써 놓고 있었다.
"이 아이가 궁에서 나가야 한다고 하니 외할아버지께 타고 나갈 것을 부탁드리는 서찰을 썼습니다. 그러니 바로 갖다 주고 왔으면 좋겠습니다. 날이 춥다는데 바깥 일을 시켜서 미안합니다."
내가 맡은 일은 세손이 생활하는 데 불편함이 없도록 많은 부분을 돌보는 일이었다. 서찰 심부름도 그런 일 중 하나였다. 내가 해야 할 일을 하는 것인데도 세손은 항상 일을 시킬 때마다 미안하다고 했다. 일을 다 마친 뒤에는 '애썼다,

수고했다.'는 말도 잊지 않았다. 말 한마디이지만 세손의 따뜻한 마음을 충분히 느낄 수 있었다.

"오래 같이 있으면 좋겠는데 그렇게 하면 안 된다 하니 어쩔 수 없지요."

세손의 목소리에서 아쉬움이 듬뿍 묻어 나왔다. 몇 날 며칠이고 친척 아이와 재미난 이야기를 나누며 즐거운 시간을 보내고 싶었을 것이다. 열 살이 넘은 사내아이는 궁에서 하룻밤도 보내면 안 되었지만 이 날은 예외였다. 오랜만에 찾아온 친척을 그냥 돌려보내기 아쉬웠던 세손은 어른들의 허락을 받고 하룻밤을 같이 보낼 수 있었다. 하지만 이제 더 이상 세손에게 허튼 하루를 보낼 시간이 없었다.

세손이 써 준 서찰을 들고 안국방으로 향하면서 원손이 세손이 되던 그 날의 일이 새삼 떠올랐다.

"원손이 태어난 지 꽤 시간이 흘렀는데 아직까지 그 일이 이루어지지 않고 있으니 안타깝구나. 이제 원손을 세손으로 삼는 책봉식*을 거행하도록 하여라."

여덟 살이 되던 해에 원손은 세손이 되었다. 세손이라고 하면, 세자의 맏아들이면서 임금의 첫 손주이기도 했다. 보통 집안과는 다르게 궁에서 첫째 아들 혹은 첫째 손주는 장차 임금이 될 수도 있는 아주 중요한 위치를 의미했다.

세손이 되는 의식인 책봉식이 초여름에 있었다. 궁에 들어와 처음 보는 큰 잔치였다. 그것도 가까이 모시던 원손을 위한 잔치였기 때문에 더 의미가 깊었다.

"곤룡포가 아주 잘 어울리십니다."

---

*책봉식 : 임금이 세자나 세손, 왕비 등의 지위로 정하는 의식.

원손은 세손 책봉식을 위해 곤룡포를 차려입었다.

"할바마마께서 입으셨던 옷입니다. 그걸 제 몸에 맞추었지요."

"곤룡포를 왜 새로 마련하지 않으셨는지요?"

"이 옷은 할바마마께서 왕세제 책봉식 때 입으셨던 것입니다."

임금은 선왕의 동생으로 왕세제에 올랐고 그 다음 대를 이어 임금이 되었다. 임금이 왕세제 책봉식 때 입었던 옷을 원손이 물려받아 입은 모습을 보니 역시 임금의 손주답다는 생각이 들었다. 검소한 생활을 하는 임금을 닮아 원손도 아끼고 절약하는 것이 습관이 되었다.

"단순히 할바마마의 옷을 물려받은 것이 아닙니다. 이 옷을 입으셨을 때 할바마마가 어떤 마음이셨는지 알 것 같기에 저한테는 큰 의미가 있는 옷이지요."

"그때 임금님께서 어떤 마음이셨길래 의미가 있다고 하시는 것이옵니까?"

"할바마마를 미워하던 세력들은 할바마마가 왕세제가 되는 것도, 또 임금이 되는 것도 반대했지요."

임금은 정치적으로 뜻를 달리하는 세력들 때문에 힘들어 했다. 그들은 노론과 소론으로 나뉘어 자신들과 뜻을 같이 하지 않는 사람들을 견제하고 모함했다. 날이 갈수록 이들 사이의 갈등은 심해졌고 임금은 이들 사이의 경쟁을 막기 위해 애를 썼다.

"이 옷을 입고 왕세제가 되시면서 훌륭한 임금이 되겠다고 다짐하셨을 거예요. 그래서 탕평책*으로 나라를 평화롭게 만들려고 하셨지요. 그리고 그 뜻을 저에게 전해 주고 싶으셔서 오늘 이 옷을 입으라고 하셨을 겁니다."

***탕평책** : 조선 영조 때에, 당쟁의 폐단을 없애기 위하여 각 당파에서 고르게 인재를 등용하던 정책.

　원손의 말이 무슨 의미인지 짐작이 갔다. 원손은 임금의 훌륭한 점은 그대로 물려받기를 바랐다.

　"정말 의미가 깊은 옷이군요. 그래서 그런지 더 멋진 듯하옵니다."

　"옷이 어떤지도 잘 모르겠습니다. 너무 떨리고 긴장돼 서 있는 것조차 힘이 듭니다."

　원손과 함께한 시간은 얼마 되지 않았지만 이렇게 긴장한 모습은 처음이었다. 원손이 안쓰러웠다. 하지만 그 누구도 대신해 줄 수 있는 일이 아니었다. 원손 혼자서 오롯이 감당해야 하는 큰 일이었다.

　"지금까지 지켜본 마마는 무엇이든 당당하게 잘하시는 분이셨습니다. 걱정은 되겠지만 막상 일을 앞에 두면 그 누구보다도 잘하실 거라고 믿습니다."

내 말에 원손은 고개를 끄덕였다.

"호 덕분에 조금 힘이 나는 것도 같네요. 고맙습니다."

의복을 차려입은 원손은 책봉식이 열리는 곳으로 발걸음을 옮겼다. 북소리가 울렸다. 책봉식이 열리는 창경궁 명정전*으로 군사들이 들어왔다. 두 번째 북소리가 울렸다. 이번에는 많은 신하들과 친척들이 자신들의 지위에 맞는 자리로 나갔다. 그리고 이어서 원손이 명정전으로 들어섰다. 사람들의 시선이 일제히 원손을 향했다. 그렇게 많은 사람들이 한꺼번에 쳐다보면 한 발자국도 움직이지 못할 것 같은데 원손은 달랐다. 조금 전까지 긴장되고 떨려서 제대로 서 있지도 못하겠다던 원손은 그 자리에 없었다. 어느 누가 봐도 당당하고 의젓한 원손이 있을 뿐이었다.

곧이어 세 번째 북이 울렸다. 임금이 가마를 타고 명정전으로 들어섰다. 모여 있던 많은 사람들이 임금을 향해 절을 올렸다. 그리고 책봉식이 순서에 따라 하나씩 진행되었다. 책봉식에서 가장 중요한 순간은 죽책*과 교명문* 그리고 세손인*이 전해질 때였다. 대나무로 만든 죽책분은 원손을 세손으로 정한다는 임명상과 같은

*명정전 : 창경궁에 있는 정전으로 현재 남아 있는 조선 시대 궁궐 전각 중에서 가장 오래된 목조 건축물이다.

영조 교명문
교명문은 임금의 명령 등을 적은 글을 말하는데, 이 교명은 영조가 정조를 왕세손으로 책봉한 교명문이다. 국립고궁박물관에 소장되어 있다.

것이었고, 비단으로 만들어진 교명문에는 세손에게 당부하는 임금의 말이 들어 있었다. 세손인은 세손을 상징하는 도장이었다.

원손이 임금 앞에 무릎을 꿇고 앉았다. 임금은 이것들을 원손에게 전해 주었다.

"이제 이 아이가 조선의 세손임을 세상에 알리노라."

임금은 힘 있는 목소리로 원손이 세손이 되었음을 선포하였다. 많은 사람들이 모여 있는 명정전, 그 가운데 유독 한 곳에서만 빛이 나고 있었다. 바로 늠름하고 의젓하게 책봉식을 마친 원손이 있는 곳이었다.

이제 내가 모시는 분은 원손이 아니라 세손이 되었다.

죽책
세자·세자비를 책봉하고 존호를 올릴 때 송덕문을 새겨 엮은 것으로, 가볍고 작은 댓조각이나 나뭇조각으로 만든다.

정조 왕세손책봉 옥인과 찍은 모양
영조가 정조를 왕세손으로 책봉하면서 함께 내린 옥인이다.

6. 공부에 공부를 더하다_ 세손의 한글 편지 2

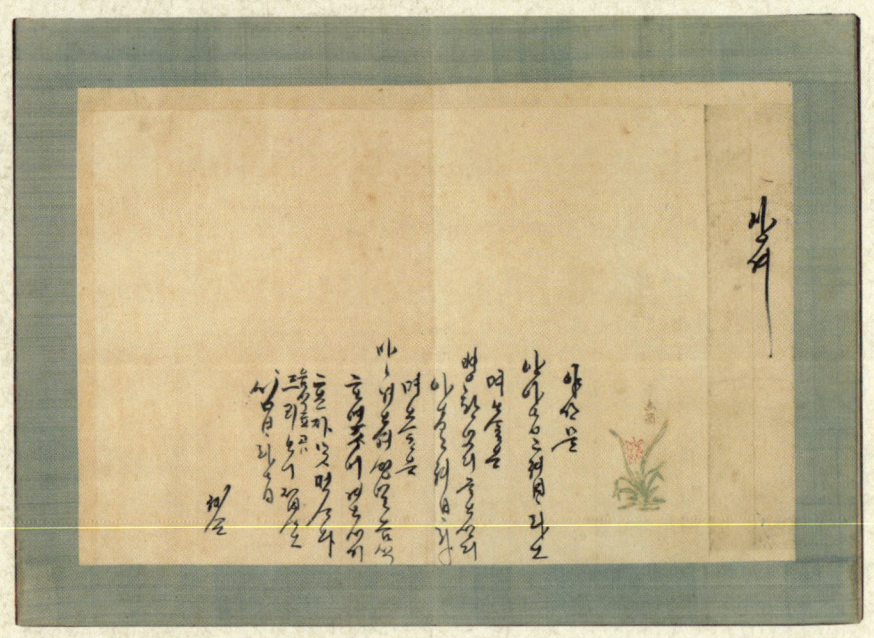

정조가 세손 시절에 쓴 편지다. 첩에 정리된 순서와 앞의 편지 작성 연도를 생각하면 대략 1760년 이후에 쓴 편지임을 알 수 있다. 다른 편지에 비해 글자가 작고 여백이 많은 게 특징이다. 앞의 편지들은 봉투를 위쪽에 붙였는데, 이 편지는 오른쪽에 세로로 붙여 놓았다.

올리는 글

밤사이 문안 알고자 하며 오늘은 병환이 어떠하신지 알고자 합니다. 오늘은 마마께서 생일 음식을 해 주셨는데 혼자 먹지 못하여 음식을 조금 드리오니 잡수시기 바랍니다.

세손

원문에 있는 '샹셔'는 '상서(上書)'라는 말로 웃어른에게 글을 올린다는 뜻이다. 여기서 마마는 혜경궁 홍씨를 가리키는 것으로 보인다.

임금이 경현당에 나아가 왕세손의 회강을 하게 하였다. 임금이 말하기를,
"69세에 이처럼 3백년 후에 〈처음〉 이런 일을 보게 되니, 참으로 뜻밖이다."
- 조선왕조실록 영조 38년 4월 25일

코

끝에서 느껴지는 바람이 매서웠다. 아직 겨울도 아닌데, 벌써 추위가 오는 것인지……. 안국방으로 향하는 발걸음이 무거웠다.

오늘은 서찰뿐만 아니라 음식도 한 보따리 있었다. 세손의 생일을 맞아 세손의 어머니가 음식을 마련해 주었다. 어머니가 마련해 준 음식을 세손은 혼자 먹지 않았다. 자신을 돌봐 주는 사람들과 나눠 먹었고 궁 밖에 사는 외가 식구들에게도 나눠 주었다.

지금 내 발걸음이 무거운 것은 음식 보따리가 있기 때문이 아니었다. 내 마음이 무거워서 그랬다. 내 부모는 내가 태어난 날을 기억하고는 있을까 생각하다 보니 그랬던 것 같다. 무엇보다 어머니가 차려 준 생일상을 받고 좋아하는 세손을 보니 부럽기도 하고 괜히 심통도 났다. 내가 궁에서 얼마나 고생을 하며 지내는지조차 모르고 있는 부모가 원망스럽기도 했다.

이런 저런 생각을 하다 보니 어느새 안국방 세손의 외가 문 앞에 서 있었다.

"궁에서 나왔습니다."

하인 하나가 나를 세손의 외숙모가 지내고 있는 안채까지 데려갔다. 나는 외숙모에게 보내는 세손의 서찰을 전했다. 서찰은 항상 받는 사람에게 직접 전해 주는 것이 세손과 정한 원칙이었다.

"서찰은 외숙모님에게 잘 전해 주셨지요? 수고했습니다."

서찰 이야기를 꺼낸 세손에게 그동안 궁금했던 이야기를 꺼냈다.

"그런데 굳이 왜 서찰을 직접 외숙모님에게 전달하라고 하시는지요? 하인들에게 전해 주라고 해도 될 일인데……."

"매사에 조심하기 위해서입니다."

"무엇을 조심하신다는 말씀이옵니까?"

되묻는 나에게 세손은 쉽게 답을 하지 못했다. 그 모습을 보면서 괜한 질문을 한 것 같아 미안한 마음이 들었다. 잠시 생각에 잠겨 있던 세손이 입을 열었다.

"호는 잘 모르겠지만 저는 하루하루가 살얼음판을 걷듯 조심스럽습니다. 매사 살피고 조심해야 하는 처지이지요."

세손은 내가 모를 것이라고 하지만 나도 잘 알고 있었다. 말을 하지 않았을 뿐 궁에 있는 모든 사람들이 다 아는 일이었다.

세손의 아버지인 세자와 임금 사이에 있었던 일이다. 임금은 아들인 세자에게 많은 기대를 걸고 있었으나 세자는 임금의 마음에 들지 않았다. 임금은 자신의 기대에 미치지 못하는 세자를 미워했고 세자는 항상 자신을 주눅 들게 하는 임금을 원망했다. 임금 편에 선 신하들도 세자를 미워했다. 세자가 잘못한 일에만 신경을 쓰며 세자를 헐뜯었다. 세자와 임금은 자꾸 어긋났고 점점 사이가 나빠졌다. 그럴수록 임금의 사랑과 관심은 세손에게로 옮겨 갔다. 임금의 사랑을 듬뿍 받는 것은 좋은 일이었지만 세자와 임금의 사이가 좋지 않은 것이 세손에게는 부담이었다. 그런 상황이니만큼 세손은 모든 일에 조심스러울 수밖에 없었다.

"외가댁 식구들 안부를 묻는 서찰을 주고받는 것인데, 그것도 조심하셔야 하는 것인지요?"

"별거 아닌 일도 자칫 오해를 불러일으킬 수 있습니다. 아바마마를 시기하고 미워하는 사람들에게 제가 외가 식구들과 서찰을 주고 받는 것이 알려져서 좋을 것은 없을 테니까 말입니다."

세손의 말이 맞았다. 세자를 미워하던 신하들에게 작은 꼬투리라도 잡히면 안 되었다. 혹여 그런 일이 생겨 세자에게 나쁜 영향을 줄까 봐 세손은 그것을 늘 걱정했다.

"호는 내가 왜 밤낮없이 공부에 열심인 줄 압니까?"

"임금님께서 수시로 마마를 불러 공부를 제대로 하셨는지 확인하시니 그러신 줄 알고 있습니다."

임금은 세손의 공부에 신경을 많이 썼다. 신하들과 학문 토론을 시키기도 하고, 임금이 신하들에게 학문을 말하는 자리에 세손을 불러 이를 지켜보게도 했다. 어떤 때는 궁 밖에서 비슷한 또래 아이들을 불러 세손과 실력을 겨주어 보기도 했다. 세손이 대답을 잘하면 임금은 '오늘은 더 공부하지 않아도 된다.'며 좋아했지만,

세손은 한시도 공부를 손에서 놓지 않았다. 임금이 언제 불러서 무엇을 물어볼지 몰랐기 때문에 세손은 편안한 옷차림으로 쉬지도 않았다.

"물론 그런 이유도 있지요. 하지만 다른 이유도 있습니다. 제가 할바마마 마음에 드는 손주가 되면 아바마마와도 사이가 좋아지지 않을까 싶어서 더 열심히 하는 것입니다."

임금과 세자 사이를 좋게 하고 싶은 세손의 마음을 충분히 알 것 같았다. 잠까지 줄여 가면서 공부에 몰두하는 이유가 임금과 세자 때문이었다니 어린 세손이 기특했다.

"조청을 마련했으니 어서 드시지요?"

세손은 공부 시작 전에 꼭 조청을 먹었다. 다디단 조청을 먹으면 머리가 빨리 맑아지기 때문이었다.

세손의 하루는 궁 안의 어른들에게 아침 문안 인사를 다녀온 다음부터 시작되었다. 아침 식사가 끝나면 공부를 시작했다. 아침 공부인 조강, 점심 공부인 주강, 저녁 공부인 석강이 이어졌다. 석강이 끝나면 저녁 식사를 하고 잠자리에 들기 전에 다시 웃어른에게 저녁 인사를 올렸다. 이렇게 하루가 끝나면 좋지만 어떤 때는 저녁을 먹고 난 다음에도 공부를 더 할 때가 있었다. 가끔 예절 교육이나 음악 교육을 받기도 했다. 또 말타기나 활쏘기도 하고 글씨 쓰는 연습도 하였다. 간혹 세손이 꼭 참석해야 하는 중요한 행사가 있거나 몸이 아플 때에는 공부라는 일과에서 잠시 벗어날 수 있었다.

하지만 세손의 하루는 늘 공부와 함께였다. 그런 세손을 보고 있노라면 안타까울 때가 한두 번이 아니었다. 책을 보다 일어서면서 가끔 어지럽다고 할 때에는 보던 책을 뺏어 버리고 싶었다. 건강을 다칠까 봐도 걱정되었다.

"조청 드시고 힘 내셔서 오늘 회강에도 꼭 통을 받으십시오."

'통'을 받으라고 당부했지만 쓸데없는 걱정인지도 몰랐다.

한 달에 두 번 회강이 있었다. 회강은 공부를 제대로 잘하고 있는지 점검해 보는 시간이었다. 회강 때에는 스무 명이나 되는 세손의 스승들이 한 자리에 다 모였다. 어떤 때에는 임금도 참석해서 세손이 제대로 공부하고 있는지 지켜보았다.

회강이 가까워 오면 세손은 잠도 잘 자지 못하고 먹은 것이 잘 소화가 되지 않는다며 힘들어 했다. 세손이 회강을 앞두고 긴장하는 것은 '통'을 받아야 한다는 부담감 때문이었다.

"오늘도 배강으로 진행하는지요?"

회강은 보통 두 가지 방법으로 진행되었다. 스승은 책을 보고 세손은 뒤돌아 앉아서 외우는 배강과 세손도 책을 보고 풀이를 하는 임강이 있는데, 세손은 주로 배강을 하였다. 책을 펴 놓고 풀이하는 것보다 아무것도 보지 않은 상태에서 외우는 배강은 훨씬 어려웠다.

"그렇겠지요. 오늘은 할바마마께서도 지켜보실 겁니다. 그래서 더 부담스럽습니다."

"잘하실 터이니 너무 긴장하지 마시고 마음을 편안하게 가지십시오."

회강은 경서통에서 죽간을 꺼내는 것으로 시작되었다. 죽간은 대나무를 길쭉하게 잘라 글씨를 써 놓은 막대들이었다. 주로 세손이 공부했던 교재들 중에서 몇 개의 문장을 골라 첫 글귀만을 적어 놓은 것이었다. 세손이 죽통에 꽂아 놓은 여러 개의

회강반차도
한 달에 두 번 왕세자의 회강하는 모습을 기록한 그림이다.

죽간에서 하나를 고르면 거기에 쓰여 있는 첫 글귀를 보고 문장 전체를 외우는 방식으로 회강이 진행되었다.

"통입니다."

역시 그럴 줄 알았다. 스승들은 나무로 만든 성적표인 강경패 중에서 '통'이 쓰여 있는 것을 들었다. 그것은 세손이 대답을 잘했으며, 회강에서 통과했음을 뜻했다.

"마마, 오늘 회강도 끝났으니 이제 좀 쉬는 것이 어떠하신지요?"

회강을 마치고 온 세손은 무척 피곤해 보였다. 그럼에도 다시 서안 앞에 앉아 책을 펼쳐 들었다.

"아닙니다. 이제 한 달에 두 번 있는 회강의 첫 번째가 끝났을 뿐입니다. 보름 후에 또 회강이 열릴 테니 그때에도 통을 받아 할바마마를 기쁘게 해 드리고 싶습니다."

공부에 대한 세손의 고집은 꺾을 수 없었다. 이럴 때 내가 할 수 있는 일은 조용히 공부에 몰두하는 세손을 지켜보는 일이었다.

7. 하루의 일을 반성하다_ 세손의 한글 편지 3

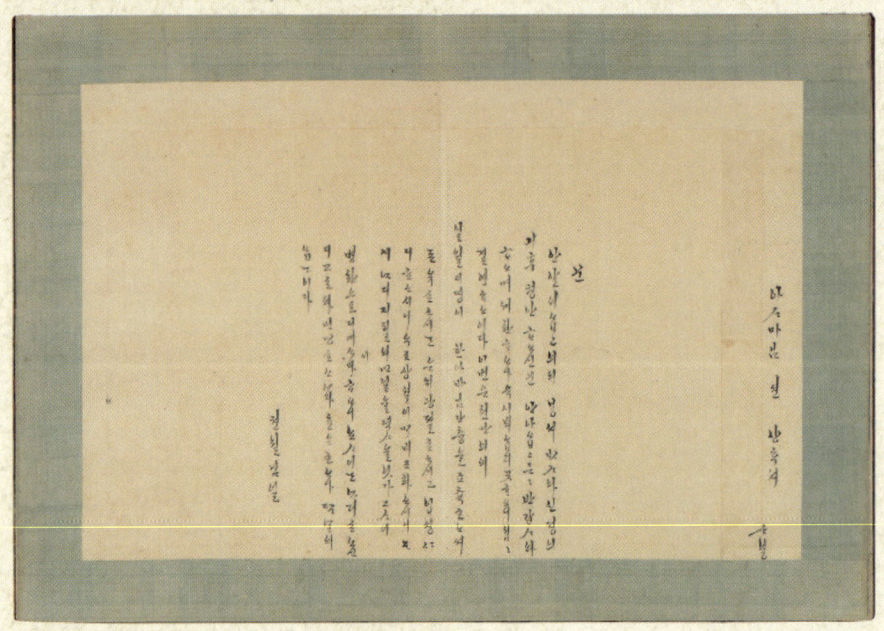

이 편지는 외숙모의 안부를 묻는 내용과 함께 외할아버지인 홍봉한에 대한 내용이 담겨 있다. 홍봉한은 1770년에 관직에서 물러나 '봉조하'가 되었다. '봉조하'는 관직에서 퇴직한 사람들에게 내리던 벼슬로, 실제 일은 하지 않는 명예직과 같은 것이다. 퇴직하고 봉조하로 있던 홍봉한은 정조의 이복형제들에게 신분에 맞지 않는 가마를 내주었다가 1771년에 벼슬도 빼앗기고 도성에서 쫓겨나게 된다. 다행히 1년 후에 영조의 배려로 다시 도성으로 돌아올 수 있었는데, 이 편지에는 그러한 내용이 담겨 있다. 이런

아주머님께 올리는 문안편지, 삼가 봉함

문안 아뢰옵고 뜻밖에 편지 받고 새해에 기후 평안하신지 문안 알게 되니 든든하고 반갑습니다. 해가 바뀌었으나 즉시 뵙지 못하니 섭섭하고 아쉽습니다. 이번은 천만 뜻밖에 일월지명이 할아버님의 참된 충성을 환히 비추시어 교지를 내려 정승으로 애쓰기를 권하시는 은혜가 한이 없으시고, 도성에 들어오기까지 하시니 우로상설이 자연의 이치가 아닌 것이 없으니 다시 어찌 지필로 만의 하나라도 적겠습니까. 그 사이 병환으로 지내신다 하니 요사이는 어떠하신지 몰라 민망합니다. 바쁘고 부산하지만 잠깐 아뢰옵니다.

정월 염일

역사적 배경을 생각해 볼 때 이 편지는 1772년 1월 12일 이후에 썼으며, 편지 내용을 통해 정확한 날짜를 알 수 있다. '정월 염일'은 1월 20일을 말하므로, 이 편지는 1772년 1월 20일에 쓴 것이다. 편지 속의 '일월지명'은 해와 달처럼 밝은 일을 말하며, '우로상설'은 비와 이슬과 서리와 눈을 한꺼번에 이르는 말이다.

밤에는 하루 동안 행한 일을 점검하고, 한 달이 끝날 때에는 한 달간 한 일을 점검하며, 한 해가 끝날 때에는 한 해 동안 한 일을 점검한다. 이렇게 여러 해를 해 오자 정사를 비롯하여 내가 행한 일에서 잘하고 잘못한 것과 편리하고 그렇지 못한 것이 마음속에 묵묵히 깨달은 것이 많다. 이것이 날마다 자신을 되돌아보는 한 가지 방법이다.
— 《홍재전서》* 권 161

온 몸이 점점 오그라들었다. 살 속까지 파고드는 겨울바람이 매서웠다. 눈이 막 내리기 시작했다. 이럴 때는 그저 발걸음을 빨리 하는 것이 좋다. 서둘러 안국방으로 향했다. 밤길이라 그런지 오고 가는 사람들이 없었다.

조용한 밤길에 들리는 발소리. 그런데 그건 나의 발소리가 아니었다. 내 발걸음에 맞춰 누군가의 발소리도 들렸다. 같은 방향으로 가고 있는 것일까? 이상했다. 내가 멈춰 서면 이내 뒤따라오던 발걸음도 멈추었다. 누굴까? 누군가 내 뒤를 밟는다는 느낌이 들었다. 불현듯 매일매일이 살얼음판을 걷듯 조심스럽다는 동궁*의 말이 떠올랐다.

혹시라도 안국방으로 동궁의 서찰이 오고 가고 있다는 것을 누군가 알게 되고, 그것이 동궁에게 해가 될지도 모른다는 생각이 들자 마음이 급해졌다. 특히 오늘 동궁의 외가로 보내는 서찰은 더욱 더 조심스러웠다. 작년 이맘때 동궁의

---

*홍재전서 : 정조의 시, 교지 등을 모아 엮은 책.
*동궁 : 왕세자의 다른 말이다. 사도 세자가 세상을 떠나자 정조가 세손에서 왕위를 이을 왕세자가 되었다.

외할아버지가 동궁의 배다른 동생에게 신분에 맞지 않는 가마를 내준 적이 있었다. 동궁을 반대하던 사람들은 이 일을 문제 삼았고 결국 외할아버지는 벼슬도 빼앗기고 도성 밖으로 쫓겨났다. 천만다행한 일은 일 년이 지난 얼마 전 임금이 너그럽게 용서해 외할아버지가 다시 돌아올 수 있게 되었다. 동궁은 이 일을 크게 기뻐하며 외가 식구들의 안부를 묻는 서찰을 썼다.

이렇게 외가 식구들과 서찰이 오고 가는 것을 동궁을 반대하는 사람들이 알게 되면 괜한 꼬투리가 될지도 모를 일이었다. 잠시 안국방으로 향하던 발걸음을 멈추고 몸을 숨겼다. 뒤를 밟는 사람이 누구인지는 모르겠으나 결코 동궁 편에 선 사람은 아닐 것이라는 생각이 들었다. 그러니 조심하고 또 조심하는 수밖에 없었다.

임금과 세자 사이에 깊을 대로 깊어진 갈등은 그칠 줄 몰랐다. 결국 세자가 세상을 떠나면서 그 갈등은 끝났다. 세자가 세상을 떠난 후, 세손은 어머니와 함께 궁 밖으로 나갔다. 세자가 폐서인*이 되어 세상을 떠났기 때문에 세손은 더 이상 궁에 머물 수 없었다.

몇 년 동안 세손을 가까이에서 모셨는데 갑자기 궁에서 나가니 어찌할 바를 몰랐다. 세손을 따라 궁에서 나가고 싶었지만 나는 궁에 소속되어 있는 사람이기에 그렇게 할 수 없었다. 아버지를 잃고 엄청난 슬픔과 절망에 빠져 궁 밖으로 나간 세손이 늘 걱정되었다.

얼마나 슬퍼하고 있을까? 마음은 얼마나 아플까? 잘 있는지 늘 안부가 궁금했다. 함께 말동무도 하고, 위로가 되어 주고 싶었다. 아무것도 할 수 없어 안타까운

---

* 폐서인 : 왕비나 세자 혹은 양반 등이 죄를 지어 신분이나 지위를 잃고 서민이 되게 하는 것, 또는 그런 사람을 말한다.

마음만 한가득 차올랐다.

그런데 얼마 지나지 않아 임금은 세손을 다시 궁으로 불렀다.

"세손을 동궁으로 삼아 내 후사를 잇도록 하겠노라."

임금은 다시 궁에 돌아온 세손을 동궁으로 삼은 뒤, 동궁이라고 부르게 했고 그동안 교육을 담당하던 세손강서원을 시강원으로 바꾸었다. 또한 세손을 보살피던 위종사를 익위사로 고쳐 동궁을 보필할 수 있도록 하였다.

그러나 동궁이 되었다고 좋아할 일은 아니었다. 살얼음판을 걷던 하루하루는 동궁이 된 후, 더 위태로웠다. 잠깐 발을 헛디디면 천 길 낭떠러지 아래로 떨어질 듯 위험해 보였다.

세자를 시기하고 미워하던 세력들은 동궁에게도 위협을 가했다. 그들은 자신들 때문에 세자가 목숨을 잃었고 그 아들인 동궁이 임금이 되면 자신들은 무사할 수 없을 것이라고 생각했다. 그들에게 동궁은 눈엣가시 같은 존재였다. 사사건건

동궁이 하는 일에 트집을 잡았다.

　한 가지 다행한 일은 임금이 늘 동궁 편이라는 것이었다. 임금은 한 번도 동궁을 야단치거나 싫은 소리를 한 적이 없었다. 임금은 많은 일을 동궁과 함께 했다.

　"이번 경연에는 동궁을 참석시키도록 하라."

　경연은 임금이 신하들과 학문을 토론하고 나랏일을 의논하는 자리였다. 임금은 세손 시절부터 동궁을 경연에 참석시켰다. 이렇듯 일찍부터 동궁을 경연에 참여시킨 것은 임금이 가져야 할 책임감과 사명감을 스스로 깨닫게 하기 위함이었다. 동궁이 된 뒤에는 더 빈번하게 경연에 함께 했다.

　"선대 왕릉에 참배를 하러 동궁과 함께 갈 것이니라."

임금은 선대 왕릉이나 효장 세자의 묘에 참배를 하러 갈 때에도 늘 동궁과 함께 했다. 어떤 때는 임금을 대신해 동궁에게 참배를 맡기기도 했다. 인재들을 선발하는 시험장에 갈 때에도, 군사들의 훈련 상황을 점검할 때에도 임금은 동궁과 함께 했다.

이렇듯 동궁과 많은 일을 함께 하는 것은 다 이유가 있었다.

"폐서인의 아들이 임금이 될 수는 없는 일입니다."

임금이 든든하게 동궁을 지키고 있었지만 신하들의 시기와 미움은 동궁을 힘들게 했다. 그들은 세자가 폐서인이 되어 세상을 떠났는데 그 아들이 동궁이 될 수는 없다고 임금을 압박했다.

결국 임금은 큰 결심을 했다.

"이제부터 동궁을 효장 세자의 아들로 삼겠노라."

효장 세자는 열 살 때 세상을 떠난 임금의 맏아들이었다. 임금은 신하들의 반대를 잠재우기 위해 동궁을 효장 세자의 아들로 입양시켰다. 이로써 동궁은 더 이상 임금과 갈등을 겪다가 죽은 사도 세자*의 아들이 아니었다. 이렇게 아버지를 잃은 슬픔을 두 번이나 겪는 셈이었지만 동궁을 반대하던 사람들은 그 일을 가지고 더 이상 시비를 걸지 못했다.

"마마, 안국방에 다녀왔습니다."

"날이 추운데 다녀오느라 힘드셨겠습니다."

---

* 사도 세자 : 영조와 반대하던 세력들과의 갈등으로 인해 뒤주에 갇힌 지 8일 만에 세자가 세상을 떠났다. 이후 영조는 '사도'라는 시호(왕이나 사대부들이 죽은 뒤에 그 사람의 삶이나 업적을 평가하고 기리기 위해 붙인 호칭)를 내려주며 세자의 죽음을 슬퍼하였다.

누군가 뒤를 밟는 것 같다는 말은 동궁에게 하지 않았다. 아직 확실한 일도 아닌데 괜한 걱정을 하게 하고 싶지 않았다.

"시간이 너무 늦었는데 어서 주무십시오."

"아직 마치지 못한 일이 있습니다."

"아, 일기를 쓰고 계셨군요."

하루의 일과가 끝나는 시간에 동궁은 일기를 썼다.

"지금은 시강원에서 마마의 하루를 잘 기록하고 있는데 굳이 직접 일기를 쓰시는 이유가 있는 것이온지요?"

"일기는 단순히 나의 하루를 기록하기 위해 쓰는 것이 아닙니다."

세손으로 책봉되고 일 년이 지난 뒤부터 동궁은 직접 일기를 썼다. 동궁의 아버지인 세자가 세상을 떠났을 때 두어 달 정도 일기를 쓰지 못했지만 그때를 빼고는 스물한 살이 된 지금까지도 동궁은 일기를 계속 썼다.

"거의 매일같이 일기를 직접 쓰시는 이유가

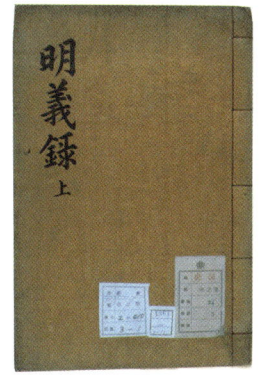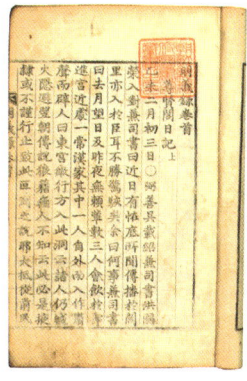

《명의록》과 앞머리에 실린 〈존현각일기〉
정조가 자신의 정치적 처분이 정당함을 밝히려고 만든 기록물이다. 이 책 앞머리에는 1775년 2월 5일부터 다음 해 2월 28일까지의 〈존현각일기〉가 실려 있다. 이 부분에는 대리청정을 둘러싼 정조의 압박감과 불안감이 잘 나타나 있다. 〈존현각일기〉는 정조가 경희궁 존현각에서 쓴 일기로, 따로 편찬되지 않았다. 다만 《일성록》의 바탕이 되었기 때문에 실질적인 〈존현각일기〉를 볼 수 있는 것은 《명의록》에 나와 있는 이 부분이다.

있군요."

"내 마음을 다스리지 못할 때 일기가 많이 도움이 되었습니다. 하루를 보내고 밤이 되면 낮의 일을 돌아보는 것이 습관이 되었고, 그러면서 다스리지 못하던 내 마음도 다스릴 수 있게 되었습니다."

동궁이 말하는 마음을 다스리지 못한 하루가 어떤 것인지 알 것 같았다. 아버지를 잃었어도 제대로 슬퍼할 수 없었던 동궁이었다. 아마 일기 속에서 동궁은 자신을 낳아 준 사도 세자와 이야기를 나누었을 것이고, 밖으로 드러내지 못한 마음을 써 내려갔을 것이다.

"나의 하루를 돌아보면서 하루 동안 잘못한 일은 없는지 나를 반성하고 그와 같은 잘못을 다시는 하지 말아야겠다는 다짐도 했지요. 이렇게 하루를 돌아보는 일기를 쓰다 보면 화가 나는 마음도, 뛰쳐나가고 싶은 마음도 어느새 사르르 녹아내리는 것 같습니다."

이제야 알 것 같았다. 바쁘고 힘든 하루를 보내고도 동궁이 왜 꼭 일기를 썼는지 말이다. 동궁을 보면서 앞으로 쓰게 될 일기는 행복한 사연으로 가득 채워졌으면 좋겠다고 생각했다.

8. 농사의 어려움을 생각하다 _ 왕의 한글 편지 1

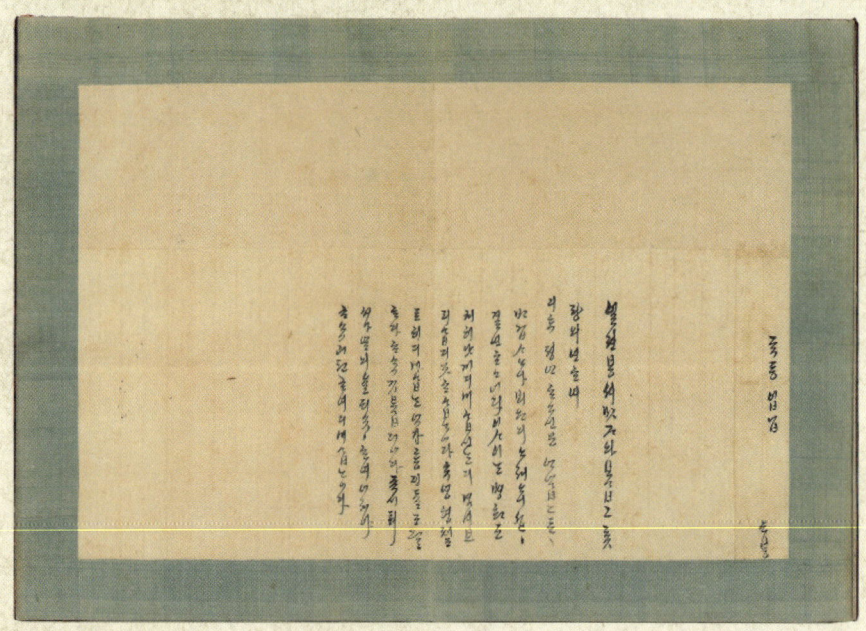

편지가 쓰인 정확한 날짜는 알 수 없다. 국립한글박물관에서 《정조어필한글편지첩》에 8편의 어찰이 수록되어 있다고 밝혔는데, 이 편지부터 정조가 왕이 된 후 쓴 편지에 속한다. 앞부분에 '국동(國洞)'은 외숙모인 여흥 민씨가 살고 있는 서울의 안국동을 말한다.

국동에 편지 드림, 삼가 봉함

며칠 전에 편지 받아 보고, 서늘한 가을날이 계속되는데 기후 평안하신지 문안 알게 되니 든든하고 반가우나 뵌 지 오래되어 섭섭하고 아쉽습니다. 이 사이는 병환도 쾌히 낫도록 지내시는지 염려를 놓지 못합니다. 수영 형제도 잘 지내는지요. 홍역도 잘 치렀다 하니 기쁩니다. 즉시 답장이나 아리어야 하는데 경황이 없어 이제야 하오니 부끄러이 지내옵니다.

편지 내용 속에 '수영 형제'가 나오는데, 동생인 홍최영이 1792년 8월에, 홍수영이 1798년에 세상을 떠났으므로 이 편지는 대략 1792년 전에 썼음을 알 수 있다. '츄량'은 가을의 서늘한 기운을 뜻하는 '추량(秋凉)'을 말하므로, 이 편지는 가을에 쓴 편지임을 알 수 있다.

농사는 군주가 백성들을 이롭게 해 주는 것이며 백성들은 또한 하늘로 삼는 것이다.
풍년을 비는 소원이 어느 해인들 그렇지 않았겠는가마는, 더구나 지금은 새벽부터 밤늦게까지
자나깨나 잊지 않고 연연해 하는 것이 오직 풍년에 있다.
– 조선왕조실록 정조 17년 1월 1일

빛이 서서히 퍼져 가는 시간이었다. 이른 아침을 시작하느라 도성 안은 분주했다. 궁에서 나와 안국방으로 향했다. 궁과 가까운 거리에 있는 안국방이었지만 그 길에서 여러 사람을 볼 수 있었다. 땔감을 지고 나르는 사람들, 장을 보러 나온 양반집 노비들, 장사를 위해 봇짐을 짊어지고 다니는 사람들. 오고 가는 사람들로 활기찬 거리를 지나 안국방에 들어섰다. 양반들이 모여 사는 동네라서 그런지 안국방은 조용하고 여유로워 보였다. 거리를 살피며 걸었지만 언제나 긴장을 늦추지 않았다. 혹시 뒤를 밟는 사람은 없는지 수시로 살폈다. 안국방에 서찰을 전할 때면 늘 조심스러웠다. 그것은 내가 모시는 분이 세손이었을 때나 임금이 된 지금이나 마찬가지였다.

"외가 식구들만 유독 챙기는 모습은 좋지 않습니다. 그래도 외가 식구들의 안부는 궁금하니 조용히 서찰을 주고받고 싶습니다."

왕의 자리에 오른 뒤에도 임금은 외가에 서찰을 전하러 갈 때 특별히 더 조심할

것을 당부했다. 임금은 자신의 관심이 한쪽으로 치우칠까 봐 항상 염려했다.

문득 선왕이 세상을 떠나던 때가 생각났다. 동궁은 선왕의 다음을 이어야 했다. 만약 세자가 살아 있었다면 아버지가 임금이 되는 모습을 지켜보았겠지만 그런 일은 일어나지 않았다. 세자를 반대하던 세력들의 모함이 끊이질 않았고 결국 세자는 동궁이 열한 살 되던 해에 세상을 떠나고 말았으니 말이다.

이제 동궁은 아버지도 잃고 할아버지도 잃었다. 아버지를 잃은 슬픔도 컸지만 할아버지를 잃은 슬픔도 그에 못지않았다. 자신을 반대하고 미워하던 사람들로부터 언제나 든든한 방패막이가 되어 주었던 할아버지였다. 자신을 한없이 사랑해 주던 할아버지를 잃은 슬픔은 동궁에게 너무도 컸다. 많은 신하들은 하루라도 빨리 임금의 자리에 오르라고 했지만 동궁은 몇 날 며칠을 물도 마시지 않고 슬픔에 빠져 지냈다. 그렇다고 임금이 되는 것을 피할 수는 없었다. 임금의 자리는 하루도 비워 둘 수 있는 자리가 아니었다.

1776년 3월 10일. 경희궁 숭정전 앞에 많은 사람이 모였다. 동궁이 임금이 되기 위한 즉위식을 가졌다. 선왕의 장례를 치르느라 상복을 입고 있던 동궁은 면복으로 갈아입고, 영의정으로부터 옥쇄를 받았다. 해가 기울어 가고 있는 시간, 오랫동안의 망설임 끝에 드디어 동궁이 어좌에 올랐다. 조선이라는 나라에 하나뿐인 사람, 내가 모시던 분이 이 나라 조선의 임금이 되는 순간이었다.

임금이 되면 무엇이든 마음대로 할 수 있을 것이라고 생각했다. 외가와 서찰을 주고 받는 것도 아무 걱정 없이 할 수 있을 것이라 생각했다. 하지만 여전히 임금을 반대하던 세력들의 힘이 컸기 때문에 서찰을 주고 받는 것도 주위를 살펴야 했다.

　임금이 뜻한 바를 제대로 펼치려면 무엇보다 백성과 신하들의 사랑과 존경을 받는 임금이 되어야 했다. 그러기 위해 임금은 언제나 자신보다는 나랏일과 백성을 먼저 생각하는 나날을 보내고 있었다.

"궁에서 마님을 뵈러 왔네."
　임금의 외가 앞에 도착하니 마침 한 머슴이 대문 밖에서 거리를 쓸고 있었. 마님을 뵈러 왔다는 말에 머슴은 나를 안채로 데려갔다.
"전하께서는 잘 지내고 계시느냐?"
　서찰을 전달하자 마님이 물었다.
"예, 잘 계십니다. 전하께서 사촌 동생들의 병환이 다 나았는지 알아보라 하셨습니다."
　얼마 전 외사촌 동생들이 홍역을 앓고 있다는 소식을 듣고 임금은 많이 안타까워했다. 홍역은 목숨을 잃을 수도 있는 큰 병이었다.

"나랏일 보시느라 바쁘실 텐데, 이렇게 외가 식구들을 걱정해 주시니 몸둘 바를 모르겠네. 걱정해 주셔서 여기는 모두 다 잘 있다고 꼭 전해 주시게나."

임금은 다행히 병세가 좋아졌다는 이야기를 듣고 마치 자신이 건강을 회복한 것처럼 몹시도 기뻐했다. 임금은 원손 시절부터 외숙모에게 서찰을 자주 보내 외가 식구들의 안부를 물었다. 임금이 외가 식구들의 안부를 챙기는 것은 다 어머니에 대한 효심에서 비롯되었다.

동궁이 되어 궁으로 들어왔을 때 임금은 어머니 혜경궁과 떨어져 지냈다.

"전하가 계신 경희궁으로 가십시오."

그 전에는 선왕이 임금에게 글을 읽게 하려고 때때로 경희궁 존현각으로 부른

적은 있었지만 이렇게 어머니와 떨어져 지내지는 않았다. 혜경궁은 임금이 선왕과 함께 경희궁에서 살기를 바랐다. 선왕은 당시 어린 동궁이 어머니를 떠나 살 수 있을지에 대해 걱정했다.

"아들을 떠나보내는 일은 섭섭하고 작은 일이나 임금을 모시고 배우는 일이 더 큰 일이니 그렇게 하겠습니다."

선왕도 혜경궁의 뜻을 꺾을 수 없었다. 혜경궁은 세상을 떠난 세자와 선왕 사이의 갈등이 자주 만나지 못해서 생긴 것이라고 생각했다. 혹시나 동궁도 선왕과 떨어져 지내다가 갈등이 생길까 봐 동궁을 선왕 곁에서 지내도록 했다.

"어마마마께서 잘 계시는지 궁금하니 이 서찰을 전해 주세요."

어머니와 떨어져 지내면서 수시로 서찰을 보내 안부를 물었던 임금이었다. 그런 임금이 외가 식구들을 살뜰히 챙기는 것은 홀로 있을 어머니가 외가 식구들 걱정까지 하는 것을 바라지 않았기 때문이었다.

"날이 서늘해지니 항상 몸조심하시라는 당부 말씀도 있었습니다."

임금의 말까지 전하고 안국방에서 나왔다. 서둘러 발걸음을 궁으로 향했다.

"전하, 준비가 다 되었다고 합니다."

"이렇게 관예를 나가려 하니 할바마마와 함께 친경*을 나갔던 일이 생각납니다."

의복을 차려입던 임금은 선왕과 했던 친경 이야기를 꺼냈다.

임금이 13살 때의 일이었다. 선왕은 동대문 밖에 있는 적전*으로 가서 직접 쟁기를 들고 밭갈이를 하는 의식인 친경례를 거행했다. 이때 동궁이었던 임금도 같이 갔다.

* 친경 : 임금이 농업을 장려하기 위하여 밭에 나와 몸소 농사를 짓던 일.

* 적전 : 임금이 친경을 하였던 땅으로, 보통 때에는 농부들이 농사를 짓는다.

친경을 하기 전 선왕은 동궁에게 이날 쓸 각종 곡식의 씨앗과 농기구를 보여주며 농사가 얼마나 힘든지를 직접 체험하게 해 주었다. 그리고 난 뒤 선왕은 두 마리의 검은 소가 끄는 쟁기로 다섯 차례 밭을 갈았고 친경례에 참석한 사람들에게 술과 음식을 내려 주었다. 동궁도 일곱 차례 밭갈이를 하였다.

"할바마마는 농사가 얼마나 힘들고 어려운지 알려 주기 위해 나를 데리고 가셨지요."

"맞습니다. 전하! 만약 농사가 사람의 힘으로만 되는 일이라면 다들 열심히 하면 되겠지만 그렇지 않으니까 더 어려운 것 같습니다. 날씨도 도움이 되어야 하고 땅도 기름져야 하니 말입니다."

"호 내관 말이 맞습니다. 농사가 잘되어야 백성들이 배부르고 편안하게 살 수 있고 나라 살림살이도 좋아질 텐데……."

한 해 동안 부지런히 농사를 지었는데도 세금을 내느라 백성들이 배불리 먹지 못하는 일이 흔하게 있었다. 그런 소식을 들으면 임금은 잠도 자지 못하고 힘들어했다. 그래서 새해가 되면 임금은 전국 팔도에 권농윤음을 발표하였다. 권농윤음은 풍요로운 한 해를 기원하면서 농사에 힘쓸 것을 당부하기 위해 내린 글이었다. 힘든 농사일을 하는 농부들을 위로하고 격려하기 위해 임금은 한 해도 빠지지 않고 권농윤음을 발표하였다. 그만큼 임금은 농사일에 신경을 많이 썼다.

농사와 관련된 다양한 정책을 펼치기 위해 수시로 전국 각지에 있는 농사 비법을 모으기도 하고 신하들의 의견을 들어 그것을 곧바로 실천에 옮겼다. 어떤 땅에 어떤

작물을 키우면 좋은지 언제 둑을 쌓아 물을 저장해 놓으면 좋은지 농사를 짓는 데 도움이 되는 방법들을 수시로 살폈다.

오늘 궁에서 행할 관예도 임금이 얼마나 농사일에 관심을 가지고 있는지를 보여 주는 행사였다. 관예는 벼베기를 지켜보는 것이었다. 농부들이 가을에 한 해 농사를 거두어 들이는 것처럼 궁에서도 벼베기를 하였다. 동대문 밖에 있는 적전이나 창경궁 안에 있는 춘당대에서도 관예를 하였는데 여름에는 보리를 벨 때, 가을에는 벼를 벨 때 했다.

궁 안에 있는 논에서 관예를 한 뒤 임금은 농부들에게 먹을 것을 내주며 수고했노라고 말했다. 그런데 관예를 지켜보는 동안 임금의 표정이 좋지 않았다.

"전하, 어디 편찮으신지요? 안색이 안 좋아 보이십니다."

"한 해 농사를 마무리하면서 벼베기를 할 수 있다는 것은 너무 평화롭고 좋은 일입니다. 그런데 그것을 지켜보려고 앉아 있는 것은 피곤한 일이지요. 이렇게 구경하는 것도 힘이 드는데 벼를 베는 사람은 얼마나 힘들까 그런 생각을 했습니다."

임금은 농부들이 얼마나 힘들까를 생각하고 함께 마음 아파했다.

"전하의 지극한 마음에 올해는 꼭 풍년이 들었으면 좋겠습니다."

"한 해 농사를 지어서 3년을 먹을 수 있었으면 좋겠습니다. 또 3년 농사를 지으면 9년 동안은 먹을 수 있었으면 하는 것이 저의 바람입니다."

어떻게 보면 엉뚱한 듯하지만 임금에게는 간절히 이루고 싶은 바람이었다. 임금의 소원이 이루어지는 날이 꼭 오기를 바랐다.

9. 활시위를 당기다_ 왕의 한글 편지 2

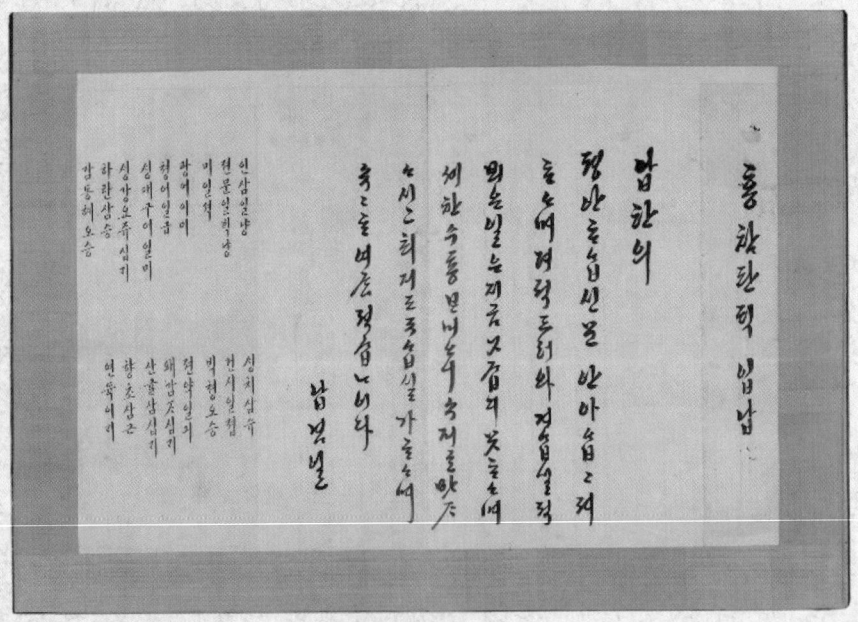

이 편지를 쓴 시기는 편지 끝 부분에 쓴 '납념일'에서 알 수 있다. '납념일'은 '납월 념일'을 말하는 것으로, '납월'은 음력 섣달인 12월의 다른 이름이고, '념일'은 초하룻날로부터 스무 번째 되는 날로 20일을 말한다. 따라서 편지를 쓴 날자는 12월 20일이다. 내용을 통해 정조가 얼마 전에 큰외숙모를 만났음을 알 수 있으며, 새해 선물을 보내니 큰외숙모가 사촌 동생들에게도 알아서 나누라는 당부를 하고 있다. 내용 중에 '납한'은 섣달 추위로 아주 추운 날씨를 말하고, '세찬'은 '설에 차리는 음식'을 말한다. '수대로 받으시고 최대에게도 주셨으면'에서 '수대'는 외사촌 동생 홍수영이며 '최대'는

홍참판 댁에 삼가 편지 드림

섣달 추위에 평안하신지 문안 알고자 합니다. 저번에 들어와 계실 적에 뵌 일은 지금도 잊지 못합니다. 세찬 몇 가지를 보내오니 수대로 받으시고 최대에게도 주셨으면 합니다. 어수선하고 정신이 어지러워 잠깐 적사옵니다.

납월 념일

인삼 한 냥, 돈 일백 냥, 쌀 한 섬, 광어 두 마리, 청어 일 급, 생대구 한 마리, 생꼬막 열 개, 새우알 석 되, 감동젓 다섯 되, 생치 세 마리, 곶감 한 접, 꿀 다섯 되, 전약 한 그릇, 왜감귤 열 개, 산귤 서른 개, 향담배 세 근, 담뱃대 두 개.

홍수영의 동생인 홍최영일 가능성이 높다.
'홍참판 댁 입납'을 쓴 편지 봉투는 첩을 만들 때 오른쪽에 세로로 붙였으며, 본문과 다른 글자체의 물품 목록은 왼쪽에 붙였다. 물품 내용 중에 '청어 일 급'에서 '급'은 물고기를 한 줄에 열 마리씩 두 줄을 엮은 것으로 청어 스무 마리를 말한다. '감동젓'은 작은 새우처럼 생긴 곤쟁이를 젓갈로 만들어 푹 삭힌 것이며, '생치'는 익히거나 굽지 않은 꿩고기를 말한다. '곶감 한 접'은 곶감 백 개이며, '전약'은 쇠가죽을 고아서 만든 것으로 동짓날에 먹던 음식의 하나이다.

춘당대에서 활쏘기를 하여 10순에 49발을 맞혔다. 또 작은 과녁은 1순을 모두 맞히고 각신들에게 고풍을 내렸다. 그리고 뒤이어 여러 신료들과 연구시(聯句詩)*를 지었다.
-조선왕조실록 정조 16년 10월 30일

해도 얼마 남지 않았다. 솜을 두둑하게 넣은 옷을 입었는데도 겨울 바람이 매서웠다. 코끝이 떨어져 나갈 것 같았다. 길에는 오고 가는 사람들도 별로 없었다. 땔감을 지고 나르는 사람들만 분주히 오고 갈 뿐이었다.

오늘은 혼자가 아니었다. 임금의 외사촌 동생 홍수영과 함께였다. 옛날 임금이 원손이던 때에 자신이 신던 버선을 물려준 외사촌 동생이었다.

"날이 추우니 발걸음을 서두르시게나."

홍수영은 앞서서 걸었다. 발걸음을 빨리했다. 늦기 전에 안국방 일을 마치고 궁으로 돌아가야 했다.

"곧 새해가 되는데 외가댁에 필요한 것을 좀 보냈으면 좋겠습니다."

임금은 새해를 맞아 외가에 선물을 보냈다. 평소에는 잘 맛보지 못하는 귀한 먹을거리였다. 마침 외사촌 동생 홍수영이 궁에 들어와 있던 터라 그와 함께

---

* **연구시** : 한 사람이 각각 한 구씩을 지어 이를 합하여 만든 시.

안국방으로 가게 되었다.

"마님 궁에서 사람이 나왔습니다."

안국방에 도착해 안채로 향했다. 임금이 보낸 선물과 서찰을 큰외숙모에게 전해 주었다.

"전하께서 전해 달라는 말씀이 계셨습니다. 지난번 마님께서 궁에 들어오셨던 일을 아주 기쁘게 생각하신답니다."

"나도 많이 고마워 하더라고 전해 주시게나. 늘 따뜻하게 대해 주셔서 얼마나 좋은지 모르겠네."

"그리고 가끔 궁에 들어오셔서 어머니와 시간을 보내셨으면 좋겠다고 부탁의 말씀이 있으셨습니다."

"어쩌면 그렇게 한결같이 어머니를 생각하시는지……. 참 갸륵한 마음이시네."

친정 식구들이 들어올 때면 반갑게 맞이하고 즐거워하던 어머니의 모습을 임금은 늘 흐뭇하게 생각했다. 그래서 큰외숙모라도 자주 들어와 어머니를 기쁘게 해 주었으면 하고 바랐다.

안국방을 다녀오니 임금이 활을 쏠 차비를 하고 있었다. 활을 잡는 손마저도 꽁꽁 얼 듯한 추운 날씨였다.

"날이 많이 춥습니다. 다른 날 활을 쏘시는 게 좋겠사옵니다."

"괜찮습니다. 서늘한 날씨이니 정신이 더 맑아질 것입니다. 이럴 때 활을 쏘면 더 정확히 맞힐 수 있을 것 같습니다."

"그래도 날이 추워 건강을 해칠까 걱정됩니다."

"활쏘기는 오히려 제 건강에 도움이 됩니다. 마음이 불안하고 화가 날 때 활을 쏘면 어느새 정신을 집중할 수 있고 혼란스러운 마음도 싹 사라지니까요."

임금은 생각이 복잡하거나 마음이 혼란스러울 때면 무언가에 집중할 수 있는 것을 찾았다. 활쏘기를 하면 마음도 편안해진다며 젊은 시절 자주 잡았지만 한동안 잡지 않았던 활을 임금은 늦가을부터 다시 잡았다. 오랜만에 쏘는 것인데도 예전 실력이 그대로 나왔다.

임금은 춘당대로 향했다. 춘당대는 창덕궁 후원에 있는 영화당 앞마당으로, 임금은 이곳에서 자주 활을 쏘았다. 어떤 날에는 문신들도 정신 수양을 위해 활을 쏘아야 한다며 초계문신*과도 활쏘기를 했고, 어떤 날에는 중국으로 가는 사신을 전송하는 뜻에서 활쏘기를 하기도 했다.

임금은 활쏘기를 할 때 보통 10순을 쏘았다. 화살 5대를 쏘는 것이 1순이므로 다 쏘고 나면 전부 50대의 화살을 쏘게 된다.

"오늘은 몇 순을 준비하올까요?"

"글쎄요, 오늘 쏘고 나면 올해는 더 못 할지도 모르니 오늘은 20순을 쏠까 합니다."

임금은 활을 들었다. 150걸음쯤 떨어져 있는 과녁을 향해 집중하며 활시위를 당겼다. 활에서 떠난 화살들이 과녁 정중앙에 꽂혔다.

"명중이옵니다."

"정확히 가운데를 맞히셨사옵니다."

임금의 화살이 과녁에 박힐 때마다 들려오는 소리였다. 그림을 그리듯 날아가

* **초계문신** : 규장각에 소속되어 공부를 하던 37세 이하의 문신을 말한다.

과녁의 중앙에 꽂히는 화살들을 보면서 임금의 활쏘기 실력은 하늘이 내려 준 솜씨라는 생각이 들었다.

"전하, 오늘은 모두 100발을 쏘셨습니다. 그 가운데 98발을 맞히셨고요."

"그랬습니까? 집중하느라 몇 발을 쏘았는지 몇 발을 맞혔는지도 잊고 있었습니다."

"여쭤보고 싶은 말씀이 있사옵니다."

"호 내관이 또 궁금한 것이 생겼나 봅니다."

나는 잠시 망설이다가 그동안 활을 쏘는 임금을 보면서 궁금했던 것을 물었다.

"지난번 가을에 초계문신들과 활을 쏘시면서 49발을 맞히면 그때 가서 고풍을 청하도록 하라고 하셨는데, 그때 일부러 49발을 맞히신 것처럼 보였사옵니다."

도무지 알 수 없는 일이었다. 임금은 쏘는 족족 다 명중을 시킬 수 있는 활 솜씨를 가지고 있는데도 모든 화살을 다 맞히는 일이 거의 없었다. 그 날도 마찬가지였다. 초계문신들과 활쏘기를 하면서 임금은 자신이 49발을 맞히면 고풍*을 청하라고 했다. 그리고 실제로 임금은 49발을 맞혀 신하들에게 문구용품과 말을 고풍으로 내려주었다.

"제가 신하들에게 고풍을 주고 싶어서 일부러 그랬습니다."

"정말 일부러 한 발을 맞히지 않으신 것이옵니까?"

하지만 이때만 그런 것이 아니었다. 임금은 번번이 한 발씩 놓치고 있었다.

"오늘도 백발 중에 아흔여덟 발을 맞히셨습니다. 지난번에도 쉰 발에서 마흔아홉 발을 맞히셨고요. 저는 그게 이상하게 보였사옵니다."

"어째서 이상하게 보인다는 말이오?"

---

* 고풍 : 임금이 활쏘기를 하다가 맞히면 그 자리에 있던 신하들에게 상을 주던 일.

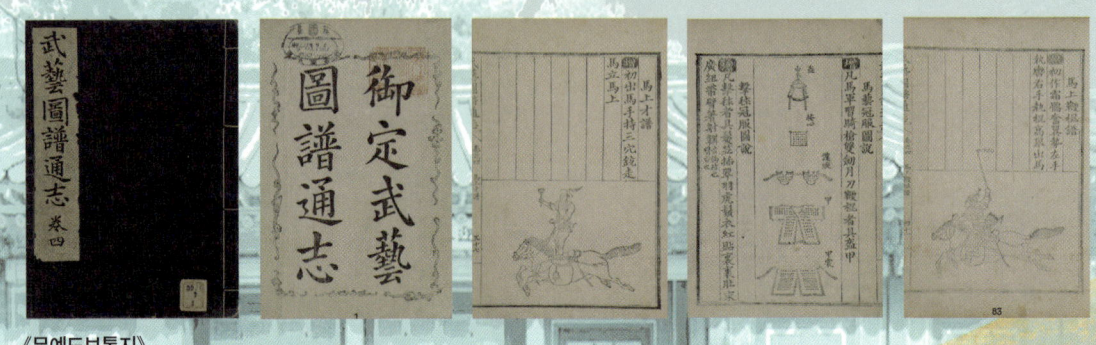

《무예도보통지》
1790년 정조의 명으로 규장각 검서관인 이덕무와 박제가가 장용영 소속 장교 백동수 등과 함께 편찬한 무예 교본이다. 동작 하나하나를 그림으로 풀이하여 구성하였다. 당시 조선의 무예뿐만 아니라 주변 국가의 무예까지 실었다.

"일부러 그러시는 것처럼 보여서요. 전하의 활쏘기 실력은 백발백중인데 왜 한 발씩 놓치시는지 궁금했사옵니다."

내 말에 임금은 지그시 나를 보았다. 무언가 특별한 이유가 있다는 표정이었다.

"과녁을 맞히려고 그것에 집중하다 보면 아무 생각도 나지 않습니다. 나랏일 때문에 생겼던 화도 잊어버리고 잘 풀리지 않는 문제 때문에 복잡했던 머리도 어느새 맑아집니다. 그래서 더 작은 과녁을 찾기도 하는 것이고요."

"작은 과녁도 척척 잘 맞히시면서 백발백중을 안 하시는 특별한 이유가 있는 것 같사옵니다."

"처음부터 활쏘기를 하는 이유가 모두 활을 맞히겠다는 뜻이 아니었다는 얘기지요. 그리고 마지막 한 발까지 맞혀 버리면 내가 자만에 빠질까 봐 일부러 맞히지 않은 것이기도 합니다."

활 쏘는 것 하나에도 의미를 담다니, 임금이 다시 한번 특별해 보였다.

"꼭 돌아가신 세자마마를 보는 것 같습니다."

"그게 무슨 말입니까?"

"돌아가신 세자마마께서도 무예에 관심이 많으셨다고 들었습니다. 힘 좋은 무사들도 들기 힘들 만큼 무거운 칼도 자유롭게 사용하였고, 말을 타실 때는 마치 날아가는 것 같았다고 하더군요. 그 멋진 기개를 전하께서 꼭 닮으신 듯 합니다."

임금은 아버지의 겉모습만 닮아 가는 것이 아니었다. 아버지의 뜻도 함께 지켜 나가려고 애썼다. 임금은 아버지가 세자 시절에 만든 《무예신보》에 전통적으로 내려오던 격구와 마상재라는 무예 기술을 더 보태어 새로운 무예 교본인 《무예도보통지》를 만들었다.

"아들이 아버지를 닮았다 하니 기분이 좋습니다. 그럼요, 저는 아버지의 아들이니 당연히 아버지의 좋은 모습을 닮아 가도록 해야겠지요."

이렇게나 닮아 가고 싶은 아버지를 그동안 얼마나 그리워했을지를 생각하니 마음이 아팠다.

10. 백성의 고달픔을 함께 하다 - 왕의 한글 편지 3

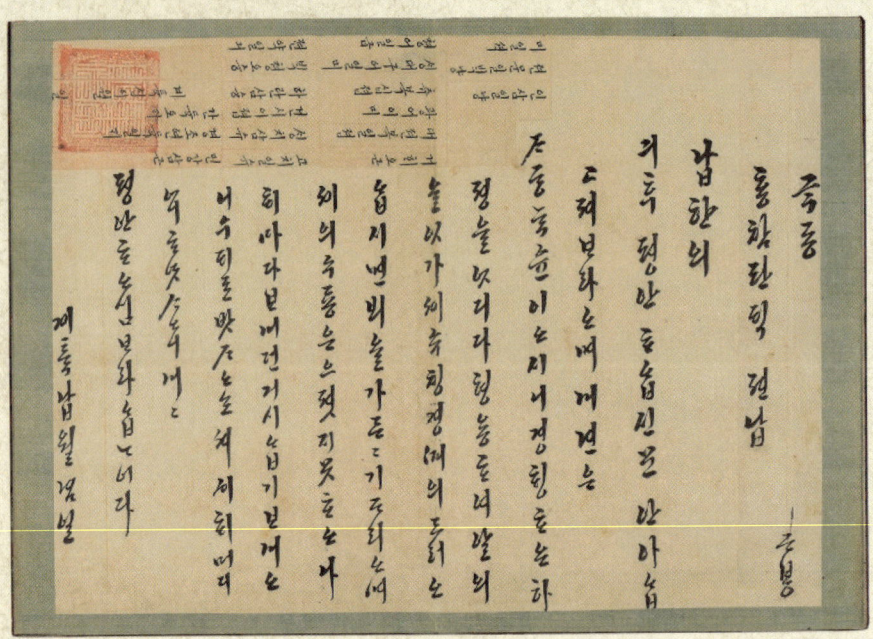

끝부분에 있는 '계축 납월 염일'로 이 편지를 언제 썼는지 정확히 알 수 있다. '계축'은 육십갑자의 50번째로, 여기서는 1793년을 말하며 '납월 염일'은 12월 20일이다. 따라서 이 편지는 1793년 12월 20일에 쓴 것이다. 편지의 내용을 보면 매년 12월에 정조가 큰외숙모에게 편지와 함께 새해 먹거리를 보냈음을 알 수 있다. 특히 이 편지에는 어머니의 육순을 한 해 앞두고 있는 기쁜 마음을 함께 전달하고

국동 홍참판댁에 편지 드림, 삼가 봉함

섣달 추위에 기후 평안하신지 문안 알고자 합니다. 내년은 어머님 육순이시니 경사스럽고 다행스러운 심정을 어찌 다 형용하여 아뢰겠습니까. 새해 초 경사 때에 들어오시면 뵐 수 있을까 하여 든든하고 기다려집니다. 세찬 몇 가지는 변변치 않으나 해마다 보내던 것이기에 보내오니 수대로 받으옵소서. 새해가 멀지 아니하였사오니 내내 평안하시기를 바라옵니다.

계축 납월 염일

인삼 한 냥, 돈 일백냥, 쌀 한 섬, 솜 다섯 근, 큰 전복 한 접, 광어 두 마리, 추복 열 접, 생대구 한 마리, 청어 일 급, 살진 꿩 한 마리, 생치 세 마리, 곶감 두 접, 새우알 석 되, 꿀 다섯 되, 전약 한 그릇, 민강 세 근, 서울산 담뱃대 한 개, 담배설대 다섯 개.

있다. 외숙모에게 보내는 물품 목록도 있는데, 매번 똑같은 것을 보낸 것이 아니고 그때그때 상황에 따라 다르게 보냈다. 물품 목록 중 '추복'은 살짝 두드려 가며 말린 전복을 말하고, '민강'은 생강을 설탕물에 조려서 만든 과자를 말한다. 물품 목록 끝부분에는 '내탕지인'이라는 도장이 있다. 이는 왕실의 재산을 관리하던 내탕고에 있던 물품을 보냈기 때문에 관련 기관의 도장을 찍은 것이다.

제주목사가 올린 장계를 이제 보니 전복을 채취하는 힘겨운 장면이 눈에 선하다.
고생함을 일찍부터 알고 있어서 폐단을 바로잡으려 한 지 오래다.
공물을 줄이는 것이 낫지 우리 백성을 왜 고생시키겠는가?
- 《비변사등록》*. 정조 2년 5월 29일

사람이 한결같기가 쉬운 일일까? 손바닥 뒤집듯 수시로 변하는 게 사람 마음이었다. 상황이 나빠지면 오랜 기간 쌓은 정이나 믿음도 한순간에 버리는 것이 사람들의 흔한 모습이었다.

그런데 만나는 그 순간부터 수십 년이 지난 후에도 한결같은 사람이 있었다. 처음 봤을 때 느낌 그대로인 사람. 사람을 내하는 데 변함없는 모습을 보여주는 사람. 내가 모시고 있는 임금이 그런 사람이었다.

"외가에 세찬을 몇 가지 보내야겠습니다."

섣달이 되자 임금은 늘 하던 일을 하였다. 그것은 외가에 새해 선물을 보내는 일이었다.

"날이 추운데 고생스럽겠지만, 이 서찰과 음식들을 큰외숙모에게 전해 주었으면 합니다."

"당연히 제가 해야 하는 일이오니 날씨는 신경 쓰지 마시옵소서. 저는 전하의

---

* **비변사등록** : 조선의 국가 최고 회의 기관인 비변사의 활동을 기록한 책.

심부름이 아주 즐겁습니다."

"그래서 더 고맙고 미안할 따름입니다."

나처럼 낮은 신분의 사람에게도 늘 따뜻한 말을 전하는 임금의 한결 같은 마음이 참으로 좋았다.

"외할아버지도 안 계시고, 큰외숙부도 이제 안 계십니다. 아마 큰외숙모께서 마음이 많이 쓸쓸하실 겁니다. 이럴 때일수록 저라도 잊지 않고 잘 챙겨 드려야겠습니다."

몇 해 전 임금의 외할아버지와 큰외숙부가 세상을 떠났다. 이제 임금의 외가에는 큰외숙모와 사촌 동생들만 있었다. 가장을 잃은 외가 식구들을 임금은 항상 살뜰히 챙겨 주었다. 새해를 맞아 선물을 보내는 것도 잊지 않았다. 큰외숙모에게는 쌀과 같은 생필품을 비롯해 흔히 볼 수 없는 먹거리를 보냈으며, 시집 간 조카딸에게는 바늘과 가위를 보내고 손주에게는 공부를 잘하라는 의미에서 책이나 붓을 보내기도 했다. 선물 하나도 받는 사람이 꼭 필요한 것을 골라 보냈다. 이런 선물들은 모두 임금의 개인 재산을 관리하는 내탕고에서 마련했다. 임금은 비단 옷 대신 거친 무명옷을 입고 식사도 하루 두 끼에 반찬도 두서너 가지만 먹으며 내탕고를 튼튼히 하여 나라에 큰일이 생겼을 때 백성을 위해 썼다. 이렇게 귀하게 마련한 선물을 가지고 안국방으로 향했다.

"새해 초에 꼭 뵙기를 바란다는 말씀 전하라고 하셨습니다."

내년은 임금의 어머니 혜경궁이 예순 번째 생일을 맞는 해였다. 혜경궁은 오랜 세월 동안 남편을 잃은 슬픔과 자식과 떨어져 사는 아픔을 간직하고 있었다.

늘 무슨 일이나 생기지 않을까 바늘방석에 앉은 듯 안타까운 마음으로 임금을 지켜보았다. 그런 어머니가 예순 번째 생일을 맞았다는 것은 임금에게 있어 감격스러운 일이었다. 임금은 그 날을 위해 오래전부터 준비를 하고 있었고 그 기쁨을 외가 식구들과도 나누고 싶어했다.

"잘 알겠다고 전해 주시게. 그런데 임금께서는 어떻게 지내시는가? 몸이 불편하다고 들었는데 괜찮으신가?"

지난 여름 임금은 머리에 부스럼이 나고 얼굴에 종기가 나는 등 건강에 이상이 생겼다. 침도 맞고 약도 먹어서 조금 나아지기는 했지만 항상 너무 피곤하게 지내다 보니 늘 건강이 걱정이었다.

"지금은 많이 좋아지셨습니다."

"잘 쉬고 잘 드셔야 하네. 내가 걱정하더라는 말 꼭 전해 주시게나."

모두가 임금의 건강을 걱정했다. 임금은 하루에 두어 시간밖에 잠을 자지 않았고 모든 일을 다 자신이 처리해야 했으니 한순간도 마음이 편한 적이 없었다. 한 신하가 임금에게 잠자는 시간도 늘리고 큰 일만 챙기라고 건의했지만 임금은 그렇게 하지 않았다.

"전하, 궁금한 것이 있어 여쭈어 봅니다."

사실은 궁금한 것이 아니라 꼭 하고 싶은 이야기를 하고 싶었다.

"무엇이 궁금합니까?"

"안국방에 보내시는 세찬을 살펴보면 몸에 좋은 아주 귀한 것들이 있던데요.

전하께서는 왜 그런 것을 드시지 않사옵니까?"

"호 내관은 꿩고기를 먹어 본 적이 있습니까?"

내 질문에 오히려 임금이 물었다.

"한 두어 번 먹어 본 기억이 있습니다. 그런데 그건 왜 물으시는지요?"

"예전에 할바마마께서 기운이 많이 떨어지셨을 때가 있었는데, 그때 지방관리들이 새로 부임하면서 지방 특산품으로 꿩을 올린 적이 있습니다."

"꿩고기는 원기 회복에 아주 좋다고 들었습니다."

"꿩은 숲이 우거진 야산에서 살기 때문에 잡으려면 아주 고생을 많이 해야 한다고 합니다. 할바마마께서는 그렇게 힘들게 잡아야 하는 것은 먹을 수 없다고 하면서 꿩을 궁 안에 있는 숲에 놓아 주셨지요."

역시 선왕의 영향 때문인 듯했다. 임금은 궁에서 쓰는 음식 재료를 올리는 규정을 새로 정해 진상품으로 보내는 음식의 수를 줄이거나 없앴다. 지방마다 나오는 특산품이 다르고 또 경사로운 날이나 그것을 꼭 써야 할 때가 있는데 그때에는 도성과 가까운 곳에서 구해 해결하도록 했다. 진상품을 구하느라 백성들이 수고하는 것을 덜어 주기 위한 임금의 마음에서 나온 일이었다.

"혹시 그래서 제주도에서 올라오는 전복도 안 드시는 건지요?"

외숙모에게 세찬으로 보낸 품목에는 마른 전복도 있고, 생전복도 있었다. 머나먼 제주도에서 올라오는 전복을 자신은 먹지 않고 친척에게만 나눠 주는 것이 이해되지 않았다.

"호 내관은 전복을 어떻게 구해 오는지 압니까?"

한양 땅을 벗어나 본 적이 거의 없었다. 가장 멀리 간 것은 임금을 따라간 수원 화성이 고작이었다. 멀리 나가면 끝도 보이지 않는 푸른 바다가 있다고 하지만 한 번도 본 적이 없었다.

"전복은 바다에서 나는 것이니 바다에 들어가서 구해 오는 것으로 알고 있사옵니다."

"전복을 구하러 바다로 들어가는 사람을 제주도에서는 포작*이라고 부른답니다. 그런데 그들이 어떻게 전복을 구해 오는지 알고 있나요?"

나는 자꾸 묻는 임금에게 제대로 대답을 할 수 없었다. 바다에 가 본 적도 없는데 전복을 어떻게 구하는지를 알 리가 없었다.

"글쎄요. 전복이 바닷속에 있으니 물 속에 들어가 구하는 것으로 알고 있사옵니다."

"이렇게 추운 날 포작들은 알몸으로 바다에 들어간다고 합니다. 그런데 전복이라는 것이 바닷속 바위에 딱 달라붙어 있기 때문에 그것을 따려면 한참을 물에 들어가 있어야 하지요."

옷을 입고 바깥에 있어도 추운 날씨에 알몸으로 찬 바닷물에 몸을 담그다니 도저히 상상이 안 되는 일이었다.

"오랫동안 잠수를 해서 전복을 잡고 뭍에 올라오면 너무 추우니까 해안에 불을 피워 놓고 몸을 따뜻하게 한다고 하네요. 그런데 찬물에 들어갔다 나온 다음 뜨거운 불을 쬐니까 물속에서 얼었던 손발이 다 터진다고 합니다."

기가 막힌 노릇이었다. 전복 하나에 그런 수고로움이 있는지 생각해 본 적도

* 포작 : 바다에 들어가 전복이나 미역 등 해산물을 따는 남자를 말함.

없었다.

"얼마나 힘들었으면 뭍으로 도망치는 포작도 있고, 심하게는 목숨을 잃는 포작도 많다고 하는군요."

"전복이 진상품 중 하나인데, 포작이 안 잡고 도망가도 누군가는 그걸 잡아야 할 텐데요."

"그렇지요. 그래서 여자들이 한답니다. 그들을 잠녀*라고 부르는데 잠녀라고 다르겠습니까? 그들도 똑같이 이 추운 겨울에도 알몸으로 바다에 들어가 전복을 캐 온다고 하니 얼마나 힘이 들겠습니까?"

임금의 말을 들으니 임금이 왜 전복을 먹지 않는지 짐작이 갔다.

"진상품을 구하기 위해 애를 쓰는 백성들의 수고로움 때문에 전복을 안 드셨던 것이군요."

"이제야 제 뜻을 아셨습니까?"

백성의 아픔을 자신이 아픈 것처럼 느끼는 임금. 백성 위의 임금이 아니라 백성을 섬기는 임금. 그런 분을 모시고 있는 나 자신이 몹시 자랑스러웠다.

---

* **잠녀** : 바다에 들어가 전복이나 미역 등 해산물을 따는 여자를 말함.

11. 아버지를 그리워하다_ 왕의 한글 편지 4

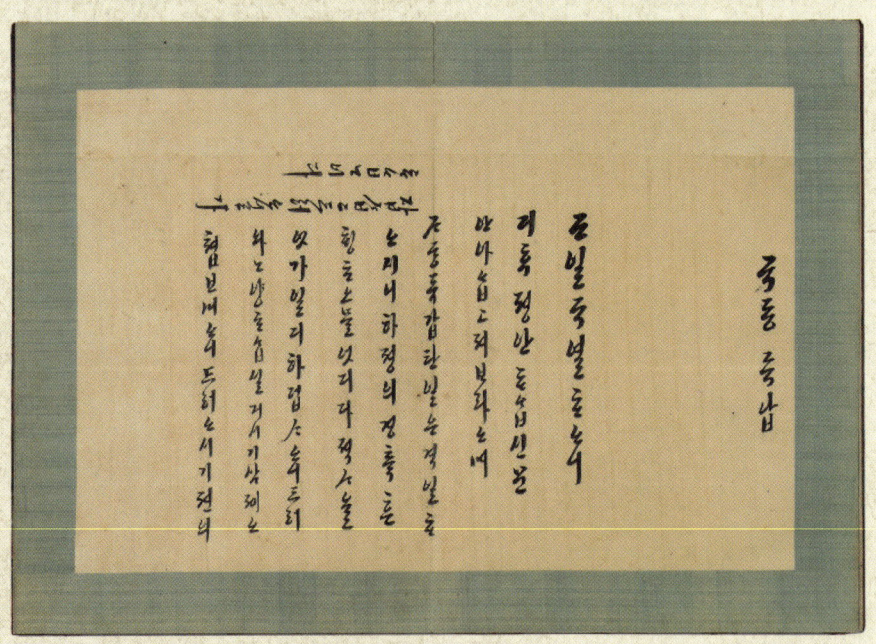

이 편지에는 언제 쓰였는지 적혀 있지 않지만 정조의 어머니인 혜경궁 홍씨의 환갑을 하루 앞두었다는 내용이 있는 것으로 보아 1795년 6월 17일에 쓴 편지임을 알 수 있다. 혜경궁 홍씨의 환갑 잔치는 1795년 2월에 화성행궁에서 치렀지만 원래 생일은 6월 18일이었다. 어머니의 생일을 맞는 정조의 감격스러운 마음이 편지에 잘 드러나 있으며 더운 날씨에 외숙모의 건강을 걱정하여 약을 지어

국동에 즉시 편지 드림

요사이 몹시 뜨거우니 기후 평안하신지 문안 알고자 합니다. 어머님 환갑 생신을 하루 앞두고 있으니 제 심정의 경축하고 기쁘고 다행함을 어찌 다 적겠습니까. 날씨가 매우 덥사오니 들어와 기운이 없어지실 것이므로 삼제 다섯 첩 보내오니 들어오시기 전에 잡수시고 들어오셨으면 합니다.

보냈다는 내용을 담고 있다. 편지 봉투는 첩을 만들 때 오른쪽에 세로로 붙였다. 또한 마지막 두 줄을 편지 윗부분에 돌려서 적고 있는 것이 눈에 띈다. 편지 내용 중에 '삼제(蔘劑)'는 인삼을 넣어 만든 한약 처방을 뜻한다.

"세월이 계속 흘러 회갑을 맞는 것이야말로 보기 드문 큰 경사이다.
어버이의 연세가 여기에 이르게 되면 이를 경축하며
기쁨을 표시하는 것이 자식된 도리로서는 정말 당연한 것이다."
- 조선왕조실록 정조 19년 6월 18일

"해가 뜨겁습니다. 안으로 들어가시지요"

한여름이 아닌데도 벌써 날이 더웠다. 임금은 창경궁 경춘전을 돌아보고 있었다.

"이 전각의 이름이 왜 탄생전이 되었는지 아십니까?"

땀이 맺혔는데도 임금은 시원한 곳을 찾지 않고 여진히 경춘전을 바라보고 있었다.

"전하께서 이 전각에서 태어나셔서 붙인 이름으로 알고 있습니다."

내 대답이 맞았는지 임금은 고개를 끄덕였다. 예로부터 왕실에서는 임금이 태어난 전각에는 이를 기록한 현판을 걸어 놓아 임금의 탄생을 기념하였다. 경춘전은 임금이 태어난 전각이었다. 단지 전각을 바라보기만 하는 것인데도 임금의 눈빛에서 여러 감정을 느낄 수 있었다.

"아바마마께서 이곳에서 용이 여의주를 물고 들어오는 제 태몽을 꾸셨지요.

그리고 그것을 이곳에 그림으로 남겨 두셨습니다."

임금은 경춘전을 특별한 곳으로 생각하고 있었다. 자신이 태어난 곳이기도 하지만 아버지의 흔적이 곳곳에 남아 있기 때문이었다.

몇 해 전 궁궐의 여러 전각을 수리하자는 신하들의 의견이 있었다. 임금은 그 해 흉년이 들어 백성들이 굶주리고 있다며 이를 반대했다. 그러나 유독 경춘전만은 수리하라는 명을 내렸다.

"경춘전을 수리하도록 하라."

경춘전은 오랫동안 수리를 하지 않아 곧 허물어질 것처럼 위태로운 상태였다. 그렇다고 경춘전을 화려하게 수리한 것은 아니었다. 낡은 서까래 몇 개를 갈고, 전각이 기우는 것을 막기 위해 주춧돌 하나를 바로 잡았다. 또 군데군데 비가 새는 곳을 막는 공사를 하였다. 칠까지 하면 훨씬 보기 좋았을 텐데 임금은 칠은 하지 못하게 했다. 공사가 끝난 뒤 임금은 '탄생전'이라는 현판을 만들어 이곳에 걸어 두었다. 다른 건물은 그냥 두고 경춘전만 수리한 임금의 마음이 어떤 것이었는지 조금은 짐작이 갔다.

"서찰을 써 두었습니다. 안국방에 전해 주세요. 삼도 함께 보낼 것이니 꼭 드시고 내일 들어오시라고 전해 주세요."

내일은 어머니 혜경궁의 진짜 환갑 생일날이었다. 올 2월 화성으로 큰 행렬을 이끌고 가서 잔치를 벌여 미리 축하를 했었다. 사도 세자와 혜경궁이 같은 해에 태어났기 때문에 어쩌면 이 잔치는 두 사람의 환갑을 축하하는 의미 있는 시간이기도 했다. 그렇게 미리 잔치를 했지만 임금은 원래 어머니의 생일에도 많은

친척과 신하들을 불러 다시 축하하려 했다. 두 번이나 어머니의 생일상을 차릴 만큼 임금은 효심이 깊었다.

그뿐이 아니었다. 임금은 어머니의 생일을 맞는 즐거움을 백성들과 함께 나누고 싶어했다. 화성으로 행차했을 때는 그곳에 살고 있는 백성들에게 쌀과 소금을 나눠 주었다. 원래 날짜에 치러지는 생일 잔칫날에도 백성들에게 쌀을 나눠 주기 위해 창경궁 홍화문*에 쌀을 쌓아 놓았다. 임금은 직접 그 자리에 나가 백성들에게 쌀을 나눠 주는 모습을 지켜볼 생각이었다.

"과인은 사도 세자의 아들이다."

즉위식에서 임금이 신하들에게 한 첫 마디였다. 이 말을 듣고 가슴이 철렁 내려앉은 사람들이 있었다. 그 사람들은 사도 세자를 죽음으로 몰고 간 사람들이었다. 사도 세자의 아들이 임금이 되었으니 자신들의 목숨은 바람 앞에 촛불 같다고 생각했을 것이다. 하지만 임남은 보봉 사람이 아니었다. 아버지를 죽음으로 몰고 간 사람들에게 복수를 하겠다고 사도 세자의 아들임을 밝힌 것이 아니었다.

자신이 사도 세자의 아들이라고 밝힌 것은 나름의 이유가 있었다. 선왕이 자신을 효장 세자의 아들로 만든 뜻을 잊지 않겠다는 것과 자신을 낳아 준 사도 세자의 아들로서 그동안 하지 못했던 효도를 다하겠다는 뜻이 담겨 있었다.

돌아가신 아버지 사도 세자를 위해 임금이 처음 한 일은 초라한 묘를 바꾸는 일이었다. 묘의 이름을 영우원으로 바꾸고 경모궁이라는 사당도 지었다. 임금은

---

* 홍화문 : 창경궁의 정문으로 조선 시대 궁궐 정문 가운데 유일하게 동쪽을 향해 서 있다.

그것으로 만족하지 않았다. 오랫동안 참아 왔고 겉으로 드러낼 수 없었던 아버지에 대한 마음을 마음껏 풀어 내고 싶어했다. 그런 마음으로 한 일이 풍수가 좋기로 이름난 수원의 화산으로 아버지의 묘를 옮기는 일이었다. 묘를 옮기고 이름도 현륭원으로 바꾸었다. 그 뒤 거의 해마다 임금은 먼 길을 마다하지 않고 현륭원을 찾았다.

　현륭원을 찾으면 임금은 늘 목을 놓아 울었다. 너무 심하게 울어서 신하들이 말리기까지 했다.

　"마마, 전하께서 더 이상 현륭원에서 그렇게 하지 않도록 설득을 해 주십시오."

　오죽하면 신하들이 혜경궁을 찾아가 임금이 그렇게 하지 못하도록 말려 달라는 말까지 하게 되었을까.

　"전하, 몸 상하십니다. 그만 하시지요."

　나도 수차례 임금을 말려 보았지만 소용이 없었다. 임금은 현륭원에 가면 그동안 억누르고 감춰 왔던 아버지에 대한 슬픔이 터져 나오는 것처럼 보였다. 그래서 묘 앞에 엎드려 울었다. 하염없이 시간 가는 줄 모르고 울었다. 풀과 흙을 움켜잡으며 울었다. 너무 심하게 움켜잡아 어떤 때는 손톱이 벗겨지기도 했다. 또 어떤 때는 너무 많이 울어서 정신을 잃은 적도 있었다.

　그런 임금을 보면서 나도 마음속으로 같이 울었다. 얼마나 아버지에 대한 그리움이 크면 정신을 잃고 운다는 말인가? 하기는 임금은 현륭원을 찾는 날이면 전날부터 잠도 자지 않고 밤을 꼬박 새웠다. 그 날 아침이 되면 정신이 없어 아예 식사도 하지 못할 정도로 허둥지둥했다. 보통 때의 임금이 아니었다.

한번은 이런 일도 있었다.

"전하, 그것을 왜 깨무시옵니까?"

그곳에 모였던 많은 사람들이 깜짝 놀랐다. 현륭원에 아버지를 모셔 놓고 거의 해마다 찾아갔던 어느 해 초여름에 있었던 일이었다.

"한창 나무가 잘 자랄 때인데 어찌 이리 이파리들이 없는 것이오?"

임금은 아버지 묘를 화산으로 옮긴 후에 오랫동안 나무를 심었다. 묘 주변을 푸른 숲으로 우거지게 만들어 아버지의 영혼이라도 달래 주고 싶은 마음으로 그렇게 했다.

그런데 한창 나무가 잘 자랄 계절인데도 이상하게 잘 자라지 못하고 있었다.

"황공하옵니다, 전하. 송충이가 생겨서 솔잎을 모두 갉아 먹고 있습니다. 그래서 잎이 모두 없어진 것 같습니다."

묘를 관리하던 신하들은 어쩔 줄 몰라 하고 있었다. 그 말은 들은 임금은 비통한 표정으로 말했다.

"어찌 이것이 자네들이 잘못한 일이겠습니까? 다 내 효성이 부족한 탓이겠지요."

임금은 송충이가 많이 생긴 것이 자신의 효심이 부족해서 생긴 일이라고 자책했다. 그러고는 가만히 기어가고 있던 송충이를 바라보았다.

"아버님이 잠드신 곳의 이 나무를 갉아 먹지 말고, 차라리 내 속에 들어가 나를 갉아 먹어라!"

순식간에 일어난 일이었다. 임금은 송충이를 집어 삼켜 버렸다. 온몸에 긴 털이 나 있는 징그러운 벌레를 입에 넣다니……. 생각도 못한 일이었다.

"아바마마 묘소 주변을 울창한 소나무 숲으로 만들려면 송충이가 없어야 합니다. 송충이를 다 먹어치워서라도 없애고 싶었던 마음에 송충이를 깨문 것입니다."

말하지 않아도 알 것 같았다. 아버지를 생각하는 임금의 마음이 얼마나 절실한지 말이다.

임금의 마음을 알 수 있는 일은 또 있었다.

임금이 아버지를 뵙고 한양으로 돌아오는 길에는 미륵고개라고 하는 고개가 있다. 그곳에 서면 이상하게 임금은 머뭇거리고 자꾸 뒤를 돌아보았다.

"이제 그만 발걸음을 하시지요?"

신하들은 어서 길을 나서라고 재촉했지만 임금은 쉽사리 길을 나서지 못했다. 그런데 알고 보니 이유가 있었다.

"잠깐 기다리십시오. 이곳을 지나면 더 이상 아바마마가 계시는 곳이 보이지 않습니다. 언제 또 뵈올 수 있을까 생각하니 차마 발걸음을 쉽게 옮길 수가 없습니다."

미륵고개를 지나면 아버지가 계시는 현륭원이 보이지 않았기에 임금은 계속 뒤를 돌아보았다.

"이곳에 몹시 더디고, 머뭇거리게 된다는 뜻을 담은 표석을 하나 세워 주세요."

임금은 그 고개에 '지지대'라는 이름을 붙여 아버지를 생각하는 애틋한 마음을 담았다. 고개를 넘어올 때 눈물이 맺히던 임금의 모습은 절대 잊지 못할 것이다.

12. 백성의 어려움을 보살피다_ 왕의 한글 편지 5

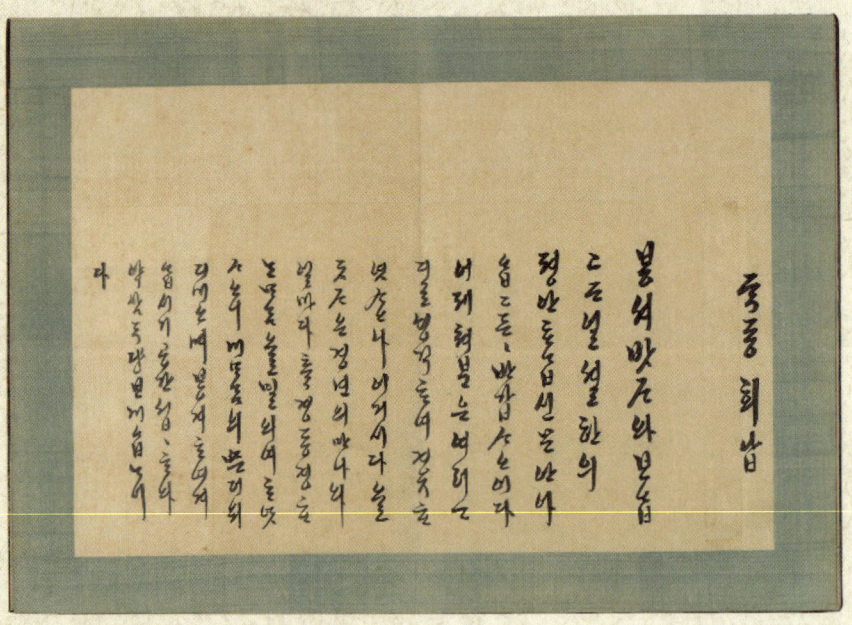

편지첩의 순서를 고려해 볼 때 이 편지는 1795년 6월 17일과 1795년 12월 10일 사이에 쓴 편지이다. 다만 편지 내용 중에 눈 내리는 추위를 말하고 있으므로 1795년 겨울에 쓴 편지임을 알 수 있다. 편지 내용에 '경사스러운 해'라고 하였는데, 이는 혜경궁 홍씨가 환갑을 맞이한 해를 말한다. 다만 '어제의

국동에 답장함

편지 받아 보고 요사이 눈 내리는 추위에 평안하신지 문안 알게 되니 든든하고 반갑습니다. 어제 처분은 여러 가지로 생각하여 겨우 하였사오나 이것이 다 올해 같은 경사스러운 해를 만나 일마다 모두 함께 경축하는 마음으로 미루어 하였사오니 제 마음에 흐뭇하게 지냅니다. 편지하셨기에 공간은 섭섭하여 약삼 두 냥 보내옵니다.

'처분'이 어떤 일인지는 편지 내용만으로는 알기 어렵다. '회납'은 편지나 꾸러미 겉봉에 회답의 편지라는 뜻으로 쓴다. '국동 회납'은 국동에 답장을 보낸다는 뜻이다. 편지 내용 중의 '공간'은 선물이 포함되지 않은 편지를 말한다.

"흉년이 들어 굶주리는 해에 우리 민생들 중에 부황이 들어 전련(顚連:몹시 가난하여 어찌할
수 없음)하게 되는 사람들이 어느 누가 왕정이 구제해 주어야 할 사람이 아니겠는가마는,
그 중에도 가장 말을 할 데가 없고 가장 가긍(可矜:불쌍하고 가엾음)한 사람은
어린아이들이다."
- 조선왕조실록 정조 7년 11월 5일

해는 임금의 어머니 혜경궁의 환갑잔치를 화성에서 성대하게 치른 특별한 해였다. 8일 동안의 이 행사를 위해 많은 사람들이 수고하고 애를 썼다. 특히 임금의 노력은 그 누구와도 견줄 수 없었다. 오랜 시간 동안 이때만을 기다려온 것처럼 임금은 온갖 준비를 하였다. 많은 사람들이 한꺼번에 건널 수 있는 배다리를 어떻게 만들지, 화성에서는 어떤 일을 언제 할 것인지, 화성까지는 어떤 길로 갈 것이며, 어느 순서로 행렬을 만들 것인지 등. 모든 일이 다 임금의 생각에서 나왔고 이에 맞춰 하나씩 진행되었다. 이렇듯 임금은 모든 일을 본인이 직접 해야 마음을 놓았다.

"그만 좀 쉬시지요. 많이 힘들어 보이십니다."

자는 시간도 부족하고 많은 일에 시달리다 보니 임금은 늘 힘들어 보였다. 시간이 날 때마다 쉬라는 이야기를 하고 있지만 임금은 좀처럼 쉴 줄을 몰랐다.

"서찰을 썼습니다. 안국방에 다녀 왔으면 좋겠습니다."

"오늘은 서찰만 전해 드리고 오면 되옵니까? 보통 섣달에 보내는 편지에는 세찬도 함께 보내셨는데요."

"아무것도 보내지 않으면 섭섭하실 겁니다. 삼을 준비했으니 그것을 외숙모에게 전해 주세요. 그리고 다른 부탁이 하나 더 있습니다."

임금은 안국방에 보낼 서찰과 삼을 챙겨 주면서 다른 심부름을 하나 더 시켰다. 평소에는 시키지 않던 심부름이라 몹시 신경이 쓰였다.

안국방에 서찰을 전해 주고 발걸음을 바로 궁으로 향하지 않았.

"한양 거리를 좀 돌아다녀 보고 오십시오. 이 추운 날에 백성들은 어떻게 사는지 궁금합니다. 백성들이 사는 모습을 조용히 살펴보고 오세요."

안국방 서찰 심부름을 부탁하면서 임금이 내린 또 다른 부탁이었다.

날이 추워서 그런지 거리에는 사람이 별로 없었다. 사람이 많은 곳을 찾아 다시 발걸음을 옮겼다. 한양에서 가장 번화한 거리 운종가*에 들어섰다.

예전 같으면 운종가에서는 허가를 받은 사람들만이 장사를 할 수 있었다. 바로 시전*들이었다. 그들은 자신들의 물품을 궁궐이나 관청에 대는 조건으로 거래 독점권을 갖고 있었다. 그들에게는 허가받지 않은 개인이 장사를 하지 못하게 하는 금난전권이라는 특권도 있었다. 그렇다 보니 지방에서 올라오는 상인들은 자신들의 물건을 직접 내다 팔 수 없었다. 시전 상인들은 지방 상인의 물건을 싼 값에 사서 자신들이 비싸게 되팔았다. 억울했지만 시전 상인들이 갖고 있는 특권 때문에 모두들 어쩔 수 없었다. 제 물건을 값싸게 팔아야 하는 상인은 상인대로 제 값보다 비싸게 물건을 사야 하는 백성도 모두 힘이 들었다.

---

* **운종가** : 조선 시대 한양 도성에 있었던 거리의 이름. 많은 사람들이 구름 같이 모였다 흩어지는 거리라는 뜻을 갖고 있다.
* **시전** : 조선 시대 운종가에 있던 시장의 하나.

"임금은 배와 같고 백성은 물과 같습니다. 내가 이제 배를 타고 백성에게 왔으니 더욱 절실히 조심해야 합니다."

몇 년 전 선대왕의 묘를 돌아보고 오던 길에 여러 신하들에게 임금이 했던 말이었다. 임금은 알고 있었다. 어쩌면 물처럼 힘이 없는 백성이라도 그 물로 배를 띄울 수도 있고 뒤집을 수도 있음을. 임금은 백성이 나라의 근본임을 마음 깊이 새기고 있었다. 그래서 어떻게 하면 백성들이 잘살 수 있을지를 늘 궁리하고 생각했다.

시전 상인들의 특권 때문에 많은 백성들이 피해를 본다고 생각한 임금은 그들의 특권을 없애려고 했다. 이 일은 선왕도 하려고 했지만 반대하는 세력들이 워낙 힘이 세서 이루지 못한 일이었다. 하지만 지금은 달랐다. 시전 상인들의 반발도 있었고 그들과 뜻을 같이 하는 신하들도 강력하게 반대했지만 임금의 뜻을 꺾을 수는 없었다. 결국 임금은 시전 상인들의 특별한 권리를 없애고 원하는 사람은 누구나 자유롭게 상사를 할 수 있게 만들었다.

그 덕분에 날이 추웠지만 운종가에는 많은 사람들이 오가고 있었다. 이 모든 것이 다 임금 덕분이라는 생각을 하니 뿌듯한 마음이 들었다.

"날도 추운데 거리를 돌아다니느라 애 많이 썼습니다. 백성들이 사는 모습은 어떻던가요?"

나는 운종가를 돌아다니며 본 것에 대해 임금에게 말했다. 예전보다 시장이 활발하게 움직이고 있다는 말에 임금은 기뻐했다.

"그런데 막 운종가를 떠나려고 할 때 일이 하나 있었습니다."

운종가에서 궁 쪽으로 발걸음을 옮기려고 할 때 갑자기 누군가 소리를 질렀다. 싸전*에서 나는 소리였다.

"한 아이가 싸전에서 구걸을 하고 있었습니다. 한 주먹이라도 좋으니 쌀을 달라고 말이지요. 싸전 주인은 그 아이를 쫓아내었고요."

"혹시 그 아이는 어쩌다 구걸을 하게 되었는지 사연을 알아보았습니까?"

"도성 밖에 살던 아이인데 부모가 모두 외지로 일하러 나갔다고 합니다. 시간이 흘러도 부모가 오지 않고 먹을거리가 없으니까 도성 안까지 구걸하러 들어온 모양입니다."

"아, 그런 사정이 있었군요."

임금은 한동안 아무말도 하지 못했다.

아이들이 구걸하는 모습을 직접 보고 온 나도 마음이 좋지 않았다. 흉년이 들거나 자연재해로 피해를 입게 되면 거리에는 굶주리고 버려진 아이들이 많이 생겨났다. 임금은 그런 아이들을 위해 그동안 여러 정책을 펼쳤다. 굶주린 백성을 구제하는 일을 했던 진휼청에서 아이들의 나이와 사정에 맞게 도움을 주도록 했으며 각 가정에서 키우는 아이들도 잘 자라고 있는지 아이의 상태를 살펴보는 정책도 펼쳤다.

"백성이 배고프면 나도 배고프고 백성이 배부르면 나도 배부른 법입니다. 재해 때문에 피해를 입은 백성들은 특히 그 시기를 놓치지 않고 서둘러야 합니다."

임금은 자신이 기거하고 있던 침전 벽에 항상 무언가를 써놓았다. 그것은 재해를

---

* 싸전 : 쌀을 파는 가게.

입은 고을 이름과 그곳을 다스리는 수령들의 이름 그리고 그들을 어떻게 구제하고 있는지를 기록해 놓은 내용이었다. 굶주린 백성들을 한시도 잊지 않겠다는 임금의 의지에서 나온 일이었다. 가뭄이나 전염병이 생기면 세금을 줄여 주었고 굶주린 백성을 구하기 위해 내탕고의 재물을 나누어 주었다.

뿐만 아니었다. 임금은 백성을 위해 다양한 정책을 펼쳤다. 국가에 세금을 내지 않던 왕실 토지에도 세금을 내도록 했으며, 왕실이나 관청에 소속되어 있는 관노비들이 안정적으로 생활할 수 있도록 해 주었다. 나이가 많이 들었는데도 혼인하지 못한 사람이나 장례를 치르지 못하는 사람들에게도 나라에서 돈을 대 주어 일을 치르도록 해 주었다.

임금이 유독 신경썼던 부분은 죄수들에 대한 것이었다. 억울하게 죄를 지은 사람이 있는지 매일같이 살펴보았고 그들에게 내려진 벌이 정당한 것인지도 따져 보았다. 날이 더울 때에는 죄수들의 목에 씌운 칼*을 벗겨 주었고 추울 때에는 가마니와 따뜻한 속옷을 주어 추위를 견딜 수 있게 했다. 전염병이라도 돌면 사람들을 나눠 놓았고 감옥 안에 있는 시설도 개선해 죄수들이 조금이라도 안전하게 벌을 받도록 했다.

"전하, 죄를 짓고 벌을 받는 사람들이옵니다. 그들까지 챙기시는 이유가 무엇이온지요?"

"감옥에서도 최소한으로 인간답게 살 수 있도록 해 주어야지요. 비록 그들이 죄를 지었지만 그들을 좋은 방향으로 이끌어 훗날 감옥에서 나갔을 때 바르게 살 수 있도록 하기 위함입니다."

* 칼 : 죄수들이 움직이지 못하도록 목에 씌운 나무 판자.

그래도 그 부분은 여전히 잘 이해가 되지 않았다.

"죄수라고 해서 내 백성이 아니라고 할 수는 없지 않습니까?"

죄수마저 자신의 백성이라고 챙기는 임금의 마음이 바다처럼 넓게 느껴졌다.

"언젠가 할바마마께서 이런 말씀을 하신 적이 있습니다. 만약 백성에게 이롭기만 하다면 자신의 살점이라도 떼어 주겠다고 말이지요. 그 말을 들었을 때 생각했습니다. 그 가르침을 절대로 잊지 않겠다고 말입니다."

임금에게 가장 많은 영향을 끼친 사람은 역시 선왕이었다. 선왕의 가르침을 잊지 않고 실천하는 임금이 굳건해 보였다. 무엇보다 그런 임금을 가진 백성이어서 정말 다행이라는 생각이 들었다.

13. 책과 함께 하다_ 왕의 한글 편지 6

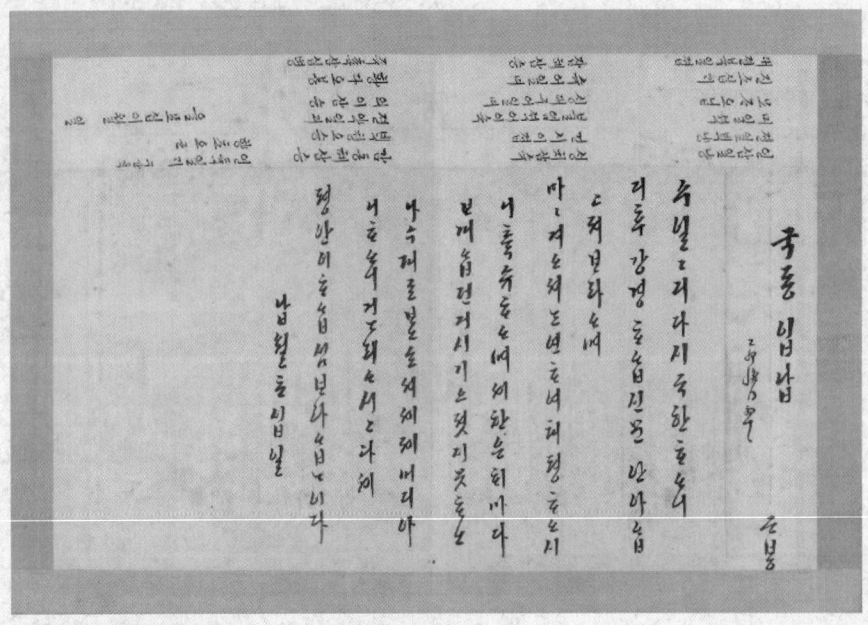

이 편지는 언제 썼는지 정확한 날짜가 있다. '을묘'는 1795년을 말하고, '납월 초십일'은 12월 10일을 말한다. 따라서 이 편지는 1795년 12월 10일 정조가 큰외숙모에게 쓴 것이다. 혜경궁 홍씨의 안부를 전하고 설 명절을 가족과 함께 잘 보내라고 선물도 보냈다. 편지첩을 만들면서 봉투를 오른쪽에 세로로 붙였고 선물 목록은 편지지 윗부분에 길게 오려 붙였다.

국동에 편지 드림. 을묘 납월 초십일. 삼가 봉함

여러 날 날씨가 다시 몹시 추우니 기후 강경하신지 문안 알고자 합니다. 마마께서는 계속하여 태평하시니 축수하오며 세찬은 해마다 보내던 것이기에 변변치 못하오나 수대로 보옵소서.
섣달 그믐날 밤이 멀지 아니하오니 거느리시고 과세 평안히 하심을 바라옵니다.  납월 초십일

인삼 한 냥, 돈 일백냥, 쌀 한 섬, 모자 다섯 개, 참빗 열 개, 대전복 한 접, 생치 세 마리, 곶감 두 접, 무염 조기 두 뭇, 생대구 한 마리, 숭어 한 마리, 잡젓 석 되, 감동젓 석 되, 꿀 다섯 되, 전약 한 그릇, 율무 석 되, 황차 다섯 봉, 붉은 초 서른 자루, 담뱃대 한 개, 향담배 다섯 근. 을묘 십이월 일

편지 내용 속 '과세'는 설을 보낸다는 뜻이다. 물품 목록 중에 '무염조기 두 뭇'은 소금기가 없는 조기 스무 마리를 말하며, '황차'는 누런 빛이 그대로 나도록 말린 찻잎을 말한다. '잡젓'은 여러 가지 생선으로 담근 젓갈이다.

임금이 어느 날이나 파조하고 나면 밤중이 되도록 글을 보는 것이 상례이었는데, 이날 밤에도
존현각에 나아가 촛불을 켜고서 책을 펼쳐 놓았고, 곁에 내시 한 사람이 있다가 명을 받고
호위하는 군사들이 직숙하는 것을 보러 가서 좌우가 텅 비어 아무도 없었는데,
갑자기 들리는 발자국 소리가 …….
– 조선왕조실록, 정조 1년 7월 28일

한 해가 끝나 가는 시간이었다. 새해를 앞두고 생각이 많아졌다. 우선 지난 한 해를 잘 보냈는지 돌아보게 되었다. 임금이 일기를 쓰며 하루, 한 달, 일 년을 반성하고 되돌아보는 것처럼 나도 그런 습관이 들었다. 지난 시간을 돌아보는 것은 나를 발전시키는 데 큰 도움이 되었다. 그 전에 못했던 것을 다시 하게 되면서 조금 더 나은 나의 모습을 발견하기도 했다.

그러다 보니 새해가 되면 그 해에 이루고 싶은 소원들도 생겨났다. 그 가운데 가장 큰 소원은 임금을 잘 모시는 일이었다. 나랏일로 늘 바쁜 임금에게 많은 도움이 되고 싶었고 잘 지내도록 옆에서 내가 할 수 있는 최선을 다하고 싶었다. 무엇보다 임금이 건강하게 지낼 수 있도록 잘 보살피고 싶었다. 특히 임금이 건강하게 지내는 것은 새해가 되면 내가 갖는 첫 번째 소원이었다. 그만큼 임금의 건강은 나의 걱정거리였다.

임금을 보면 사람이 어떻게 저리 할 수 있을까 의문이 들 정도였다. 책을 보거나 일기를 쓰는 일도 자신이 계획했던 것은 밤을 새우더라도 꼭 해야했다. 나랏일도 한치의 소홀함 없이 살폈다. 각 관청에서 생기는 자질구레한 일에서부터 감옥에서 일어나는 사소한 일까지 세세하게 살피고 따져 한 사람이라도 억울하지 않도록 하기 위해 임금은 늘 신경을 곤두세우고 있었다. 제 아무리 건강한 사람도 많은 일 앞에서는 허물어지게 마련이다. 하지만 임금은 늘 괜찮다고 말했다. 종기나 부스럼이 나는 등 자신의 몸에서는 이제는 쉬어야 한다고 말하고 있는데도 말이다.

"변변치 않은 것이지만 외숙모에게 전해 주고 오세요. 새해 복 많이 받으시라는 말씀도 꼭 전해 주시고요."

외가 식구를 챙기는 일도 임금은 해마다 거르지 않고 꼬박 해 오고 있었다.

"이제 이런 일들을 저에게 맡겨 주시면 제가 알아서 하겠습니다."

내가 왜 이런 말을 하는지 임금은 알고 있었다. 작은 일 하나라도 임금이 신경 쓰지 않도록 하고 싶었다. 임금이 건강하고 편하게 지낼 수 있다면 나는 무엇이든 다 할 각오가 되어 있었다.

겨울은 금방 날이 저물었다. 아직 유시*밖에 되지 않았는데도 사방에 어둠이 내려앉았다. 임금이 있는 전각에 벌써 불이 켜져 있었다. 문을 열고 들어가지 않았지만 무엇을 하고 있을지 짐작이 갔다. 낮 시간 동안 나랏일을 본 임금은 저녁 시간에는 주로 책을 보았다.

"이번 삼여(三餘)에는 이 책을 읽을 예정입니다. 미리 준비해 주십시오."

겨울이 다가오자, 임금은 삼여를 준비하였다. 중국의 어떤 학식 높은 사람이 책 읽기 좋다는 세 가지 한가한 때를 삼여라고 했는데, 겨울철, 밤, 비가 올 때였다. 늘

* 유시 : 조선 시대 시간 단위 중 하나로, 오후 다섯 시부터 일곱 시까지를 말한다.

책과 함께 하는 임금이었지만 삼여가 되면 작정하고 더 책과 가까이 했다. 이 때에는 새롭게 읽는 책도 있었지만 그동안 읽었던 책에서 중요한 부분만 간추려 새로 책을 만들어 읽기도 했다.

"전하, 호입니다. 새로 인쇄를 맡겼던 책을 찾아왔습니다."

이번 삼여 동안 읽을 책을 가지고 들어왔는데도 임금은 여전히 책을 읽고 있었다. 한번 책을 읽기 시작하면 옆에서 무슨 일이 일어나는지도 모르고 집중해서 읽곤 했다. 그 모습을 보니 갑자기 다시는 생각하고 싶지도 않은 일이 떠올랐다.

임금이 되고 1년 후, 여름에 있었던 일이었다. 그때 임금은 경희궁 존현각에서 지냈다. 나랏일을 다 보고 나면 존현각에서 밤늦도록 책을 읽는 것으로 하루를 마무리했다.

장마도 끝나 빗소리도 멈춘 조용한 밤 시간이었다. 책 읽기 아주 좋은 시간이었다. 임금은 오롯이 혼자 책에 집중하고 있었다. 마침 나는 숙직을 하는 군사들이 잘하고 있는지 살펴보러 존현각을 벗어나 있었다.

경희궁 곳곳을 돌아보고 있는데 느닷없이 무슨 소리가 들렸다. 기왓장이 떨어지는 소리, 후두둑거리며 빠르게 걷는 발걸음 소리. 갑자기 마음이 불안했다. 무슨 일이 생겼을지도 모른다는 생각에 다리가 벌벌 떨렸다. 어떻게 존현각까지 왔는지 하나도 생각이 나지 않았다.

"전하, 괜찮으시옵니까?"

임금은 존현각 앞뜰에 있는 대추나무 근처에 서 있었다.

"존현각 지붕 위를 살펴보라 하십시오. 누군가 들어온 것 같은데……."

어떤 사람이 임금이 책을 보고 있는 전각 지붕을 타고 들어왔는지 가슴이 철렁 내려앉았다. 존현각 지붕에는 기와 조각, 모래, 흙이 어지럽게 흩어져 있었다. 임금이 있는 곳에 도둑이 들어왔을 리는 없고 임금을 해치려고 자객이 들어왔던 것이 분명했다. 있을 수 없는 일이었다. 임금을 반대하던 세력들은 여전히 임금을 힘들게 했고 목숨마저 위협하는 일까지 생겨났다.

"전하, 거처를 옮기시는 것이 좋겠사옵니다."

신하들은 존현각이 있는 경희궁이 본궁도 아니고 외부에서 쉽게 침입할 수 있으니 거처를 옮기라는 건의를 하였다. 그때 창덕궁은 수리 중이었고 경희궁에는 선왕의 흔적이 남아 있었기 때문에 임금은 거처를 옮기는 것을 망설였다. 하지만 더 이상 존현각에 머무는 것은 위험한 일이었다. 언제 어느 때 또 임금의 목숨을 노리는 일이 생길지도 모르는 일이었다.

반약 그 날 임금이 밤 늦노록 책을 보지 않고 잠을 자고 있었다면 꼼짝없이 목숨을 잃었을지도 모른다. 다시는 생각하고 싶지 않은 일이었다.

책을 보던 임금이 갑자기 무릎을 치며 장단을 맞춰 책을 읽기 시작했다. 임금은 언제나 조용히 책을 읽지만 눈으로 읽을 때와는 다른 느낌으로 독서를 할 수 있다며 가끔 장단에 맞춰 책을 읽기도 했다.

한번은 숙직을 하고 있는 신하들에게 장단을 맞춰 책을 소리 내어 읽으라고 시킨 적도 있었다. 신하들은 밤새도록 소리 내어 책을 읽었다. 그 모습을 지켜보던 임금은 멋진 음악을 연주하는 것 같다며 흐뭇해 했다. 새벽녘이 되어 책을 읽느라 고생한 신하들을 위해 음식을 내려 주며 기쁜 마음을 전하기도 했었다.

한참 동안 장단을 맞춰 책을 읽던 임금이 나를 보았다.

"아, 언제 들어왔습니까?"

임금은 민망한 듯 웃으며 나를 보았다.

"이번 삼여에 읽으실 책을 찾아왔습니다."

나는 《주서백선》*을 서안 위에 올려놓았다. 임금은 환한 미소를 지으며 책을 보았다.

"그렇게도 좋으십니까? 금은보화도, 맛있는 음식도 아닌데 말입니다."

"나는 이렇게 책을 수북하게 쌓아 놓고 있으면 먹지 않아도 배가 부릅니다."

"정말 그러신 것 같습니다. 책과 함께하실 때 표정이 아주 좋아 보이십니다."

"책을 읽으면 답답한 가슴도 어느새 뚫리는 기분이 듭니다. 혼란스러운 생각도 금세 흩어져 버리니까 오히려 제가 책한테 많은 위로를 받습니다."

임금은 어렸을 때부터 늘 책과 함께했다. 그동안 읽은 책이 헤아릴 수 없을 만큼 많았다. 읽은 책은 여러 번 다시 읽기도 했다.

"그런데 전하, 읽었던 책을 왜 다시 또 읽으시는지요?"

"내가 세손 시절 읽었던 《소학》과 임금이 되어 읽는 《소학》은 아주 달랐습니다. 세손 때에는 책에 나온 것을 그대로 다 따라 해야겠다는 생각만 했습니다. 하지만 임금이 된 뒤 읽었을 때에는 어떻게 하면 백성들에게도 이 좋은 내용을 알려 줄 수 있을까 생각하며 읽게 되었지요. 이렇게 같은 책이라도 내가 처한 환경에 따라 다른

---

* 주서백선 : 정조가 주희의 편지 중에서 가장 요긴한 내용 100편을 뽑아 엮은 책. 정조가 직접 편집해 1794년(정조 18) 내각에서 간행하였다.

것들을 알려 주니 한 번 읽고 덮어 둘 수는 없는 일이지요."

"이번 삼여에도 이 책을 다 읽을 생각이신가요?"

당연한 일을 다시 물어보았다. 걱정되는 일이 있기 때문이었다. 임금은 매일 정한 양만큼의 독서는 무슨 일이 있어도 꼭 하려고 애를 썼다. 몸이 힘들거나 피곤하면 꾀를 피우거나 게을러질 수도 있는데 임금은 그러지 않았다.

"삼여에 많은 책을 읽는 것도 좋은데, 건강은 돌보면서 하시면 좋겠습니다."

"그렇지 않아도 눈이 많이 피곤합니다."

"독서 시간을 조금 줄이는 것은 어떠신지요?"

임금은 내 걱정을 잘 알고 있다는 듯 고개를 끄덕였다.

"그것도 한 방법이기는 하겠으나, 나는 책을 읽지 않으면 마음이 불안합니다. 눈이 조금 피곤해도 책을 읽는 것이 훨씬 편합니다."

임금의 고집을 꺾을 수 없다는 생각이 들었다. 역시나 임금은 다시 서안 위에 있는 책을 펼쳐 들고 읽기 시작했다.

"먹을 좀 갈아 주세요."

책을 보던 임금이 붓을 들었다. 그러더니 펼쳐진 책 위에 점을 찍기 시작했다.

"전하, 책에다 점을 찍는 이유가 있사옵니까?"

"사람의 기억이 오래가지 않습니다. 특히 나처럼 여러 일을 하다 보면 자꾸 잊어버리게 되지요. 그래서 오래 기억하고 싶은 구절이나 다시 또 읽어야겠다고 생각하는 구절에다 이렇게 표시를 해 두는 것입니다."

임금은 책 읽기를 소홀히 하지 않고 그 내용을 완벽하게 자신의 것으로 만들기 위해 애를 썼다. 책을 읽을 때면 언제나 바른 자세로 앉아서 읽었으며 좋은 구절을 읽었을 때에는 가까이 있는 사람들에게 알려 주고 이야기 나누기를 좋아했다.

"책을 다 읽은 후에는 어마마마를 찾아가 말씀을 드릴 겁니다. 그러면 어마마마께서 예전처럼 책씻이*를 해 주실 겁니다."

임금은 평소에도 책을 다 읽고 나면 어머니 혜경궁에게 무슨 책을 읽었는지 그 책을 읽고 무엇을 느꼈는지를 말했다. 그러면 혜경궁은 책씻이를 해 주고는 했다. 임금이 어렸을 때부터 쭉 해 오던 일이었다.

"어마마마께서 책씻이를 해 주신다면 기쁘게 받을 생각입니다. 혹시라도 맛난 것을 준비해 주시면 호 내관과도 함께 나눠 먹도록 하지요."

어머니의 책씻이를 기대하면서 임금은 《주서백선》을 펼쳐 읽기 시작했다. 책을 펼쳐 들면 늘 임금의 얼굴에서는 근심이 사라지는 듯했다. 행복해 보이는 임금의 모습이 보기 좋았지만, 건강을 해칠까 봐 항상 염려되었다.

---

* **책씻이** : 책 한 권을 다 읽어 떼거나 다 베껴 쓰고 난 뒤 스승이나 동무들에게 음식을 대접하던 일.

14. 백성의 이야기에 귀 기울이다_ 왕의 한글 편지 7

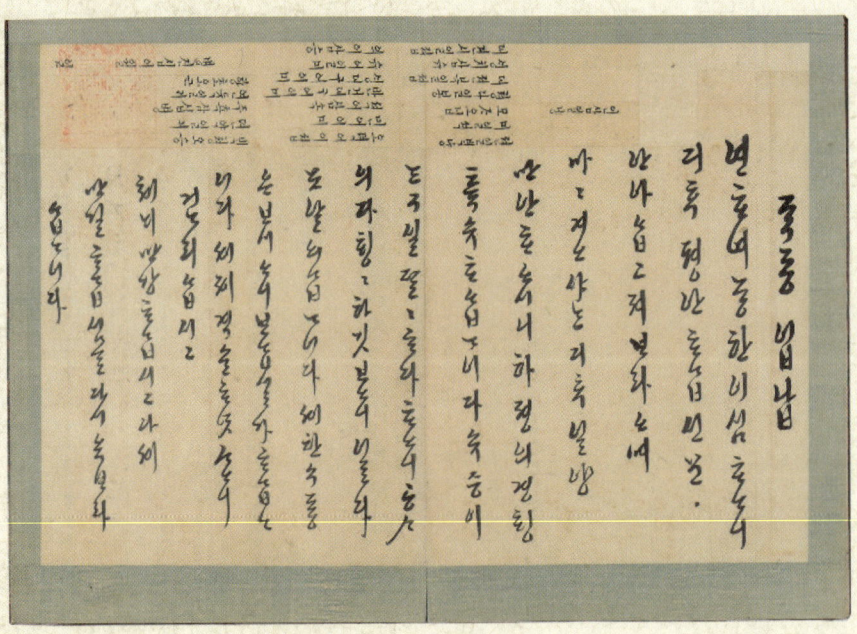

물품 목록이 적힌 부분에 '병진 십이월'이라고 쓰여 있어 편지를 쓴 날자를 알 수 있다. 편지 원문에 '병진'은 1796년이며, '세제격순'은 섣달 그믐날 밤이 열을 앞이라는 뜻이므로 이 편지는 1796년 12월 20일에 썼음을 알 수 있다. 큰외숙모의 안부를 묻고 있으며 혜경궁 홍씨의 안부도 함께 전하고 있다. 정조의 친척 '수증'이가 등장하는데 외사촌 가운데 한 명일 것으로 추정되지만 정확히 누구인지 알기는

국동에 편지 드림

계속하여 추위가 매우 심하오니 기후 평안하신지 문안 알고자 합니다. 마마께서는 기후가 한결같이 아주 평안하시니 저의 심정에 경사스럽고 다행하여 축수하옵니다. 수증이는 홍역 잘 치렀다 하니 공사에 다행스럽고 매우 기쁘니 이루 다 못 아룁니다. 세찬 몇 가지 보내오니 보셨으면 하옵니다. 섣달 그믐날 밤이 열흘 앞이오니 거느리시고 체내 편안하시고 과세 만길하심을 다시금 바라옵니다.   병진 십이월 일

인삼 한 냥, 돈 일백 냥, 쌀 한 점, 모자 다섯 개, 녹차 한 봉, 큰 전복 한 접, 생치 세 마리, 큰 곶감 한 접, 오징어 두 접, 민어 두 마리, 조기 세 뭇, 반건대구 두 마리, 생대구 두 마리, 숭어 한 마리, 율무 석 되, 꿀 다섯 되, 전약 한 그릇, 붉은 초 서른 자루, 담뱃대 한 개, 향담배 다섯 근.   병진 십이월 일

어렵다. 편지첩을 만들면서 봉투를 오른쪽에 세로로 오려 붙였고, 본문과 다른 글씨로 쓴 물품 목록은 편지 윗부분에 길게 오려 붙였다. 끝부분에는 '내탕지인' 도장이 찍혀 있다. 내용 중에 '체내'는 웃어른의 몸을 높여 부르는 말이며 '과세 만길'은 설을 쇠면서 큰 복을 받으라는 뜻을 담고 있다. 물품 목록 중 '조기 세 뭇'에서 '뭇'은 생선을 세는 단위로 한 뭇은 생선 열 마리를 말한다.

경연하는 신하가 백성들의 상언과 격쟁이 근래 매우 외람되고 잡스럽다는 투로 아뢰니,
상이 말씀하셨다. "불쌍한 저 고할 데 없는 백성들이 가슴에 깊은 원한을 품고도
높은 관직에 있는 사람에게 아뢸 수 없어 분주히 와서 호소하는 것이니,
이는 마치 어린아이가 부모에게 하소연하는 것과 같다."
- 일득록 8. 정사 3

"호랑이처럼 그 누구도 함부로 대하지 못하는 사람이 되었으면 좋겠구나."

힘없고 가난해 사람들에게 무시당하며 가슴 아프게 살아 왔던 아버지였다. 나는 그렇게 살지 말라며 나를 내관으로 만든 아버지였다. 그런 아버지가 세상을 떠나면서 마지막까지 남긴 말이 호랑이처럼 강한 사람이 되라는 말이었다. 내 이름을 호라고 지었던 그 마음을 아버지는 평생 간직하며 내가 호랑이처럼 강한 사람이 되기를 소원했을지도 모르겠다.

아버지가 돌아가셨다는 이야기를 들었을 때 아버지 바람대로 나는 호랑이처럼 강한 사람이 되었는지 생각해 보았다. 아직은 아니었다. 여전히 나는 호랑이처럼 강한 사람이 되려고 애쓰는 중이었다. 대신 호랑이처럼 강한 사람을 모시는 사람이 되었다. 마음을 숨기고 자신과 뜻을 같이 하지 않는 사람과도 이야기를 나눌 수 있는 사람. 그 사람은 내 마음속에 해와도 같은 존재인 임금이었다.

'저 사람은 누구지? 처음 보는 사람인데?'

임금의 부름을 받고 가던 중 막 임금의 처소에서 나오는 낯선 사람을 보았다. 한 번도 본 적이 없는 사람이었다. 궁에 있는 사람은 아닌 것 같았다. 그 사람은 품 안에 무언가를 집어넣고 있었다. 얼핏 보기에도 서찰처럼 보였다. 임금의 서찰 심부름은 내가 하고 있었는데 저 사람은 누굴까 궁금했다.

"전하, 찾아계시옵니까?"

안에 들어서니 임금은 서찰을 쓰고 있었다.

"안국방에 보내시는 서찰이온지요?"

"그렇습니다. 요즘은 어마마마께서 건강하게 잘 계셔서 얼마나 마음이 좋은지 모릅니다. 외숙모에게도 제 기쁜 마음을 전해 주세요."

"잘 알겠습니다, 전하."

"날이 많이 춥다고 하니 조심해서 다녀오십시오."

언제나 고마운 말을 잊지 않는 임금이었다. 따뜻한 말 한마디가 추위를 다 녹이는 것 같았다. 서찰과 세찬을 들고 궁 밖으로 나왔다. 여전히 머릿속에는 아까 스치듯 지나친 낯선 사람이 생각났지만 서둘러 안국방으로 향했다.

'저 사람은 아까 궁에서 본 사람인데……'

안국방에 들러 서찰과 세찬을 놓고 다시 궁으로 향했다. 그런데 운종가 근처에서 궁에서 보았던 사람을 다시 보게 되었다. 아까와 차림새가 같았지만 머슴과 함께 인 듯했다. 그 사람을 따라 머슴 하나가 지게에 쌀가마니를 짊어지고 가는 것이 보였다. 갑자기 궁금증이 생겼다. 조심스럽게 그 사람의 뒤를 밟았다.

'아니, 여기는 삼청동으로 가는 길이 아닌가? 그렇다면······.'

떠오르는 사람이 하나 있었다. 사도 세자의 죽음이 정당했다고 주장하는 세력들의 우두머리 같은 존재, 심환지 대감이었다. 우의정이 된 심환지 대감은 삼청동에 살고 있었다.

'설마 심환지 대감과 서찰을 주고 받고 계셨던 것인가?'

나는 의문이 들었다. 아무리 임금이 호랑이처럼 강한 사람이라고 해도 적이나 다름없는 사람과 서로 서찰을 주고 받을 수 있다는 것이 이해가 되지 않았다. 궁금했으나 차마 임금에게 그 일에 대해서 물을 수는 없는 일이었다. 심환지 대감과 서찰을 주고 받고 있었다면 그건 분명 무슨 이유가 있었을 것이다. 어쩌면 임금은 나라에 이로운 일을 위해서 자신을 반대하는 세력들의 이야기에도 귀를 기울였는지 모를 일이었다.

그런 생각을 하니 떠오르는 일이 하나 있었다.

몇 해 전 현륭원을 갔다가 한강을 건너 창덕궁으로 향하고 있을 때였다. 임금의 행렬을 보기 위해 많은 백성들이 길에 나와 있었다. 임금은 자신이 행차하는 것을 보고자 길에 나와 있는 백성들을 막은 적이 한 번도 없었다. 임금은 백성을 위해 있어야 한다는 것이 행렬을 막지 않은 이유였다. 또 한편으로는 다른 이유도 있었다. 백성들의 이야기를 직접 듣고 싶은 마음이 있기 때문이었다.

행렬이 막 숭례문을 지나고 있을 때 어디선가 요란한 꽹과리 소리가 들렸다. 그러더니 많은 사람들 중에 한 사람이 나와 임금의 행렬을 가로막았다. 얼핏 보면 무례한 행동이지만 임금은 이를 가만히 지켜보았다. 그 사람이 한 행동은 격쟁*이었다.

  격쟁은 신문고와 비슷했지만 절차상 차이가 있었다. 격쟁은 때와 장소와 상관없이 누구나 임금에게 직접 자신의 이야기를 전할 수 있는 방법이었다. 일반 백성들은 억울한 일을 당해도 쉽게 자기의 이야기를 할 기회가 없었다. 그래서 임금은 자신이 거둥*하는 길가에서 징이나 꽹과리를 쳐서 사람들의 관심을 집중시킨 다음에 자신의 이야기를 할 수 있는 격쟁을 할 수 있게 하였다. 임금은 격쟁이 백성들의 목소리에 귀를 기울이는 좋은 방법이라고 생각했다.

  그 날 격쟁을 한 이는 멀리 흑산도에서 올라온 김이수라는 사람이었다. 흑산도라고 하면 제주도만큼 먼 섬이었다. 임금은 김이수가 어떻게 한양까지 올라왔는지 물었다.

"섬에서 나올 때는 바람에 운명을 맡긴 채 왔습니다. 바람이 육지로 불어 주지 않았다면 저는 어느 망망대해를 헤매고 있을지도 모르겠습니다."

  김이수는 목숨을 걸고 한양까지 온 이유가 있었다.

"흑산도에 잘못 부과된 세금이 있습니다. 그것을 고쳐 주십시오."

  각 지역마다 특산물을 세금으로 바치는 공납이 있었다. 공납은 많은 백성들을 힘들게 했다. 왜냐하면 특산물을 정해 줄 때 각 지역의 형편을 생각하지 않고 정하는 경우가 많기 때문이었다. 기후 환경이나 여러 상황 때문에 특산물이 나지 않으면 그 특산물로 세금을 내는 일을 그만두어야 하는데 그러지 못했다. 사정과는 상관없이 특산물을 바쳐야 했다. 특산물이 없을 때는 따로 화폐를 세금으로 바쳐야

---

*격쟁 : 억울한 일을 당한 사람이 임금의 행차 길에 징이나 꽹과리, 북 등을 쳐서 자신의 이야기를 하는 것.
*거둥 : 임금의 나들이.

했다. 공납 때문에 살기가 어려워진 백성들은 자신이 내야 하는 공납을 이웃이나 친척에게 미루고 도망을 치기도 했다.

"흑산도에서는 닥나무를 공납하고 있었습니다."

닥나무는 종이를 만들 때 꼭 필요한 재료였다. 김이수의 이야기는 이랬다.

흑산도 남자 한 사람이 공납으로 바칠 닥나무는 40근 정도였다고 한다. 그 양을 대기 위해 생업까지 포기하면서 닥나무를 베다 보니 어느새 그 많던 닥나무를 흑산도에서 찾아보기 어렵게 되었다는 것이다.

"흑산도에서 닥나무를 구할 수 없어 육지로 나왔습니다. 그리고 돈을 주고 닥나무를 사야 했지요. 닥나무를 구하지 못하면 그만큼의 돈을 세금으로 바쳐야 했습니다."

김이수의 이야기를 듣고 있던 임금은 얼굴이 굳어졌다. 전복을 구하는 일이 목숨을 내놓는 것과 같음을 알고 전복을 먹지 않았던 임금이었다. 그런 임금에게 백성의 어려운 사정 이야기는 듣는 것조차 힘든 일이었다.

"지방 관아에 이 불공평한 일을 말해 보았지만 규정이 그렇게 되어 있기 때문에 어쩔 수 없다는 답변만 들었습니다. 마침 임금께서 화성으로 행차하신다는 이야기를 듣고 이렇게 한양까지 왔습니다."

임금이 백성들의 억울한 이야기를 직접 듣고 문제를 해결해 준다는 소문이 멀리 흑산도까지 퍼져 있었다. 김이수의 이야기를 다 들은 임금은 마음이 급해졌다.

"흑산도 백성 김이수가 올린 격쟁을 상세히 조사해 해결책을 마련하도록 하시오."

임금은 곧바로 신하들에게 명을 내렸다. 그리고 흑산도 사정에 맞는 다른 방안을 마련하게 했다.

"육지와 멀리 떨어져 있는 섬에서 닥나무 껍질을 구하기는 너무 힘든 일이라 생각합니다. 앞으로 흑산도 백성들은 닥나무 공납을 더 이상 하지 말도록 하십시오."

김이수의 격쟁을 해결한 임금은 혹시나 백성들에게 부당한 세금이 또 부과되는 일이 없는지 알아보고 더 이상 생기지 않도록 했다. 또한 궁 밖으로 거둥할 때마다 백성들의 목소리에 귀를 기울이기 위해 애를 썼다.

15. 새로운 세상을 꿈꾸다_ 왕의 한글 편지 8

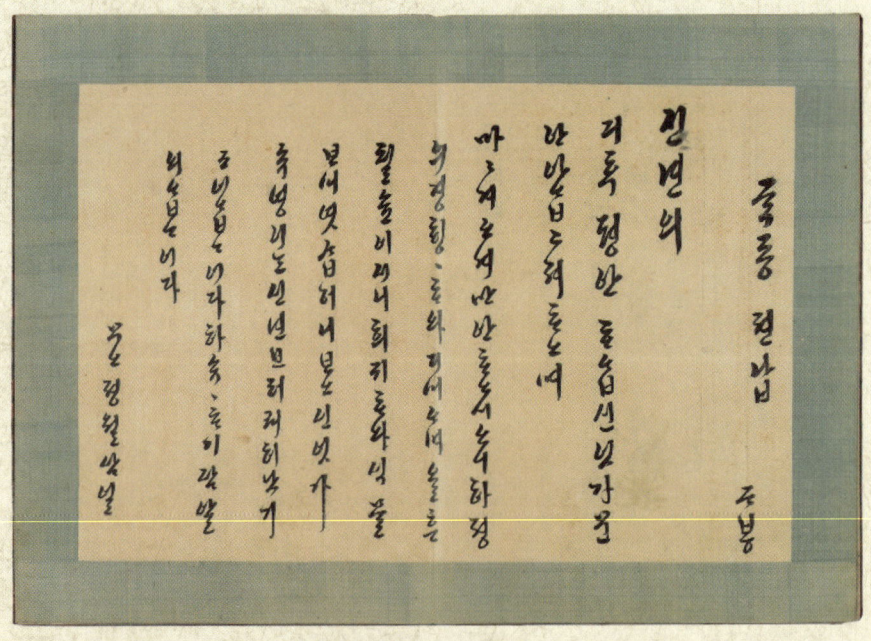

편지 끝 부분에 '무오 정월 납일'이라고 쓰여 있는데, 이를 통해 편지를 쓴 날짜가 1798년 1월 3일임을 알 수 있다.

국동에 편지 드림. 삼가 봉함

새해에 기후 평안하십니까. 문안 알고자 하오며 마마께서 아주 평안하시니 제 심정에 경사스럽고 다행하게 지냅니다. 올해는 칠순이시니 희귀하여 먹을 것을 보내었는데, 보셨사옵니까. 수영이는 새해부터 쾌히 낫기를 바라며 마음 졸입니다. 너무 어수선하여 잠깐 아룁니다.

무오 정월 납일

외사촌인 수영의 병이 낫기를 바란다는 내용이 실려 있지만 안타깝게도 홍수영은 이 해 7월 15일에 세상을 떠났다. 편지에 나오는 '식믈'은 '식물(食物)'로 먹을거리를 말한다.

수원부의 성이 완성되었는데 둘레가 모두 4천4백 보였다.
-조선왕조실록 정조 20년 8월 19일

해가 바뀌었다. 새해가 되면 올 한 해는 잘 될 거라는 희망의 마음을 가져야 하는데 그런 생각이 잘 들지 않는다. 오히려 걱정이 많아졌다. 아마도 임금 때문인 것 같았다.

"많이 힘들어 보이십니다. 그만 쉬시지요."

한동안 니는 임금에게 쉬라는 말만 했다.

"답답합니다. 문을 열어 주세요."

바깥에 겨울 찬 바람이 부는데 임금은 문을 열라고 했다. 그 전에도 가끔 종기가 나고 부스럼이 나는 등 건강에 이상은 있었어도 그때는 치료를 받으면 괜찮아지고는 했었다.

그런데 화성 행차를 한 뒤부터는 점점 안 좋아지기 시작했다. 가슴속에 무언가 뜨거운 것이 자꾸 치밀어 올라온다며 힘들어 했다. 눈 앞에서 불똥 같은 것이 어른거리기도 하고 두통도 심해졌다고 했다.

"이제 좀 가라앉으셨는지요? 문을 닫겠습니다. 이러다 고뿔*에 걸리실까 봐 걱정되옵니다."

"아직 그냥 두십시오. 그런데 호 내관은 내가 왜 이런다고 생각하십니까?"

임금의 질문에 왈칵 눈물이 나왔다. 눈물을 보이지 않으려고 고개를 숙였다. 임금을 곁에서 본 지 수십 년이 흘렀다. 임금이 왜 그런지 너무 잘 알 것 같았다. 임금은 스스로를 채찍질하고 있었다. 자신이 이루고자 하는 것들이 제대로 되지 않으면서 수시로 허탈하다고 말하던 임금이었다. 모든 일을 일일이 다 처리해야 하는 꼼꼼함 때문에 늘 피곤해 하던 임금이었다. 백성이 마음에 걸리고 나랏일이 염려되어 밤마다 잠을 이루지 못할 때도 있었다. 언젠가는 사흘 동안 한숨도 잠을 자지 못한 적도 있었다. 그런 모습을 보면서 마음을 졸여야 했다. 옆에서 힘이 되어 주고 싶었지만 내가 할 수 있는 일은 아무것도 없었다. 그저 안타깝게 임금을 지켜보는 일뿐이었다. 그래서 자신이 왜 그러는지 아느냐는 물음에 눈물이 나왔다.

"전하, 눈이 오시려나 봅니다. 이제 문을 닫으시지요."

"잠시 눈 내리는 것을 보고 싶습니다."

임금은 아무 말 없이 하나둘 내리는 눈을 바라보고 있었다. 그러다 갑자기 입가에 웃음이 번지기 시작했다.

"전하, 무슨 좋은 생각이라도 하셨나 보옵니다. 지금 웃고 계십니다."

"작년 연말부터 무려 스물일곱 번이나 큰 눈이 내린 거 알고 있지요?"

"물론입니다. 잘 알고 있습니다."

"한 해가 끝날 무렵에 큰 눈이 내리면 그 다음 해에는 풍년이 든다고 하더군요."

*고뿔 : 감기를 일상적으로 이르던 말.

그러니 올해는 당연히 풍년이 들겠지요. 그 생각을 하다 보니 나도 모르게 웃음이 나왔나 봅니다. 백성들이 배불리 먹을 수 있게 풍년이 든다면 얼마나 좋겠습니까?"

임금은 늘 백성들이 어떻게 하면 잘 살 수 있을까를 생각하고 있었다. 그렇게 좋아하는 책을 읽을 때에도 백성에 관한 일이 생기면 언제든 책을 덮었던 임금이었다.

그런 임금이 소원하는 일이 있었다.

"아바마마의 묘소를 옮기고 나니 아바마마가 있는 그곳은 나에게 특별한 곳이 되었습니다. 그곳에 화성을 건설하여 더 특별하고 의미 있는 곳으로 만들고자 합니다."

임금은 사도 세자의 묘를 화산으로 옮기면서 그곳에 거주하던 백성들을 수원의 중심부인 팔달산 동쪽 기슭으로 옮겨 살게 하였다. 그리고 수원부를 화성 유수부로 정했다. 유수부는 지방 도시에 중앙의 관리를 보내 다스리게 하는 특별한 지역이었다. 그만큼 임금은 그곳을 중요하게 생각하고 있었다.

"십 년이면 화성이 완성되지 않겠습니까?"

처음 임금의 생각은 그랬다. 십 년에 걸친 거대한 공사의 시작은 4년 전에 시작하였다. 그런데 생각지도 못한 일이 공사 시작한 지 2년 반 뒤에 일어났다.

"전하, 너무 속상해 하지 마시옵소서."

"그래도 속상한 마음은 있습니다. 꼭 가고 싶었는데 가지 못하는 마음이 너무 힘듭니다."

화성을 건설하겠다고 첫 삽을 뜨고 2년 6개월 만에 화성이 완성되었다. 화성이

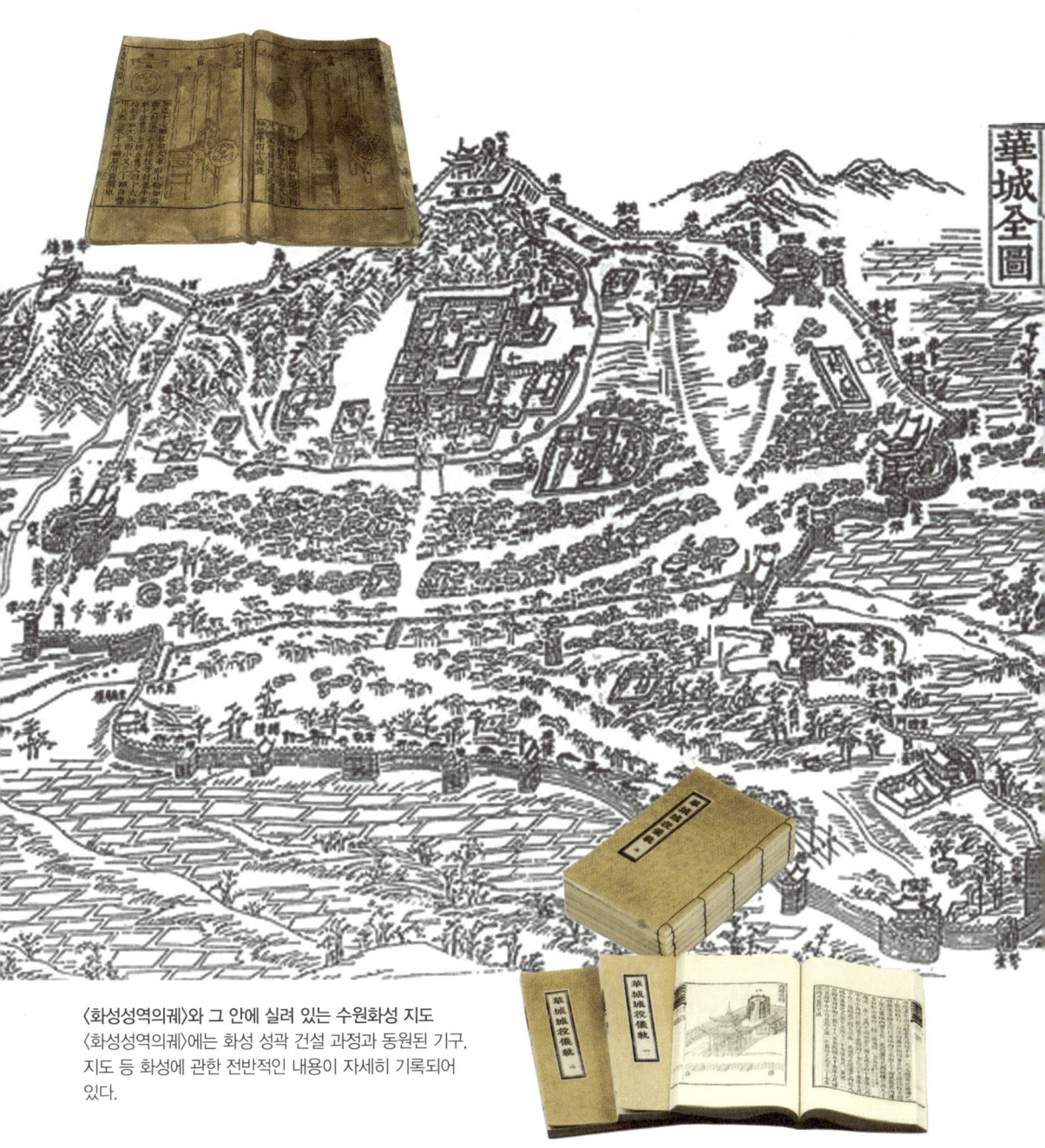

〈화성성역의궤〉와 그 안에 실려 있는 수원화성 지도
〈화성성역의궤〉에는 화성 성곽 건설 과정과 동원된 기구, 지도 등 화성에 관한 전반적인 내용이 자세히 기록되어 있다.

이렇게 빨리 완성된 것은 여러 사람의 힘이 합쳐진 덕분이었다. 전국에 있는 많은 기술자들이 모여 화성 건설에 힘을 보탰다. 예전에는 나라에서 하는 공사에 동원된 백성들에게는 돈을 주지 않았지만 임금은 그렇게 하지 않았다. 일한 만큼 대가를 주도록 했다. 백성들이 자신의 일을 제쳐두고 나랏일을 하는 것이니 그것에 대한 보상을 꼭 해야 한다는 것이 임금의 생각이었다.

청나라의 발달된 문물을 받아들인 것도 공사에 도움이 되었다. 그 중의 하나가 벽돌이었다. 벽돌로 성을 쌓아 올리면 오래 견딜 뿐만 아니라 크기도 일정해서 성을 쌓기가 훨씬 쉽다는 의견을 임금은 받아들였다. 벽돌과 기존의 돌을 흙과 함께 사용하는 건축법으로 화성을 세웠다. 또한 화성 건축에는 여러 기술도 적용되었다. 거중기로 힘을 적게 들여 무거운 돌을 움직일 수 있게 하였고 비탈길에서도 빠르고 가볍게 움직여 물건을 운반할 수 있는 유형차라는 수레도 사용하였다. 이렇게 화성이 완성되었다.

그런데 화성 완공을 축하하는 자리에 임금은 가지 못했다.

"속상하시겠지만 건강을 생각하셔서 잠시 마음을 접어 두시지요."

때마침 도성 안에는 홍역이 돌고 있었다. 임금은 원자를 데리고 잠시 규장각 옆 이문원으로 피신을 가야 했다.

"그래도 화성 공사에 참여한 많은 사람들이 축하하는 자리에 함께 할 예정이라니 이 얼마나 좋은지 모르겠습니다."

임금은 신분의 높고 낮음을 생각하지 않고 공사에 참여한 사람들과 그곳 백성들이 함께 축하 자리에 참석하도록 했다.

"그동안 이루고 싶었던 것을 다 이루었으니 이제 좀 쉬셨으면 좋겠사옵니다."

"내가 생각하고 있는 것을 다 이루었다고 생각하십니까?"

내 말에 임금은 고개를 가로저었다. 아직 무언가 더 남았다는 뜻이었다.

"아직 꼭 해야 할 일이 남아 있습니다."

"그것이 무엇인지요?"

"혹시 기억할지 모르겠는데, 화성을 한창 건설하고 있을 때 온 나라가 가뭄 때문에 힘들었습니다. 그래서 화성 공사를 멈추고 만석거를 만들었지요."

임금은 가뭄 때문에 힘들어 하는 백성을 위해 화성 근처에 만석거라는 저수지를 만들었다. 수원 광교산에서 흘러내리는 물을 만석거에 모아 놓고 필요할 때 쓸 수 있도록 한 것이었다. 그리고 만석거 아래에 있던 넓은 황무지를 개간해 나라에서 관리하는 농장인 대유둔전을 만들었다.

"가뭄 때문에 많은 백성들이 힘들어 하고 있을 때 유독 대유둔전에서만 풍년을 이루었던 일이 생각나옵니다."

"맞습니다. 그때 얼마나 기뻤는지 모릅니다. 물론 온 나라가 풍년을 맞았으면 더할 수 없이 좋았겠지만, 그래도 내가 계획하고 만들기 시작한 화성에서 얻은 첫 수확이라 아주 뿌듯했습니다."

그 때 기뻐하던 임금의 모습이 새삼 떠올랐다.

"앞으로 화성에 여러 개의 저수지를 더 만들 생각입니다. 그렇게 되면 가뭄이 들어도 물 걱정 없이 농사를 지을 수 있을 것입니다. 또 화성에 관청도 만들고 시장도 만들고 이렇게 기초 시설을 만들어 놓으면 화성은 경제적으로 자립할 수 있는 곳이 될 겁니다."

화성 이야기를 하는 임금의 표정이 한껏 들떠 보였다.

"특별히 화성에 마음을 쓰시는 이유가 있는 것 같사옵니다."

"갑자년이 되면 세자의 나이가 열다섯입니다. 그때가 되면 세자가 나라를 다스릴 만한 능력을 갖출 것입니다. 나는 임금 자리를 세자에게 물려주고 어마마마를 모시고 화성으로 가서 그동안 아바마마의 자식으로 다하지 못한 효를 하며 지낼 생각입니다."

오랜 세월 꿈꿔 왔을 임금의 계획을 듣자 내 마음속에서 뜨거운 것이 뭉클 올라오는 듯했다.

"전하가 소원하시는 꿈이 꼭 이루어질 겁니다."

내 말에 임금은 고개를 끄덕였다.

"이제 마음이 좀 가라앉았습니다. 먹을 좀 갈아 주세요. 외숙모에게 새해 첫 서찰을 써야겠습니다."

"서찰과 함께 선물도 보내시는지요?"

"올해 외숙모께서 칠순을 맞으셨습니다. 그래서 귀한 먹거리를 조금 보내 드리고자 합니다. 오늘도 수고해 주세요."

임금의 서찰을 가지고 안국방으로 향하는데 다시 눈발이 흩날리기 시작했다. 내리는 눈을 보며 임금이 꿈꾸는 세상이 꼭 오기를 빌었다. 또 그때 임금과 함께 화성에 있을 내 모습도 그려 보았다.

이야기를 마치며

　1800년 첫 날. 임금은 열한 살이 된 아들을 세자로 정했다. 비로소 다음 임금 자리를 물려줄 사람이 정해졌다. 임금은 한시름을 놓았다. 후대 임금을 정해 놓지 않은 게 임금에게는 큰 부담이었는데, 그것이 해결되었기 때문이다.

　임금은 아들이 세자가 되었다는 기쁜 소식을 아버지 사도 세자가 잠들어 있는 현륭원에 가서 직접 전했다. 그 날 임금은 현륭원 재실에서 하루를 묵었다. 처음 있는 일이었다. 하지만 마지막 일이기도 했다.

　현륭원을 찾을 때면 땅을 치며 통곡하던 임금은 그 날도 그랬다. 신하들이 말렸지만 세자를 책봉한 이후라 그런지 임금은 북받치는 슬픔을 가누지 못했다. 아버지의 생일인 1월 21일에는 경모궁을 참배하면서 또다시 통곡했다.

　임금의 슬픔은 시간이 갈수록 옅어지는 것이 아니었다. 시간이 갈수록 더 깊어졌다. 누가 다 알 수 있겠는가? 임금의 마음속에 자리잡은 큰 슬픔을…….

　마음의 슬픔이 너무 깊어 그것이 병이 되었는지도 모르겠다. 임금은 가슴에 치밀어 오르는 증세가 점점 심해지고 있었다. 눈이 불편해지더니 어느새 글자를 볼 수 없을 정도로 시력도 나빠졌다.

　하루하루 눈코 뜰 새 없이 바쁜 생활이었다. 잠시라도 가만히 있지 못하는 부지런한 성격인 데다가 자신이 직접 모든 것을 챙기지 않으면 마음에 들어 하지 않았다. 또 자신의 이상적인 정치가 현실에서 제대로 이루어지지 않는 것을 늘

힘들어했다. 이 모든 일이 임금의 건강을 야금야금 갉아먹고 있었다.

어느새 부스럼 증세가 종기로 변하면서 머리와 등으로 번져 갔다. 여러 방법으로 치료를 하고 약을 썼지만 임금의 병세는 좋아질 기미가 보이지 않았다. 6월 24일 연훈방이라는 치료법을 썼다. 연훈방은 방문을 닫고 수은을 태워 그 연기를 쐬는 치료법으로, 여간 까다로운 게 아니었다. 자칫 목숨을 잃을 수 있는 치료법이었다.

다행스럽게도 임금은 이 치료를 받고 기운을 조금 차렸다. 그동안 잘 먹지도 못했는데 치료를 받은 후에는 미음도 먹었다. 기운을 차린 임금은 6월 28일 신하들을 영춘헌으로 불러들여 이야기도 나눴다. 하지만 그것이 마지막이었다.

같은 날 유시(오후 5시~7시) 무렵, 임금은 세상을 떠났다. 하늘이 울고 땅이 울었다. 만백성의 통곡 소리가 하늘을 찔렀다.

자신이 죽으면 아버지 옆에 묻어 달라고 말했던 임금의 뜻에 따라 임금은 아버지 사도 세자가 있는 현륭원 근처에 묻혔다. 강력한 나라를 만든 후 세자에게 임금 자리를 물려주고 화성에서 남은 생을 살고 싶었던 임금의 갑자년 계획도 그곳에 함께 묻혔다.

이렇게 한 세상이 끝났다. 나의 모든 것이었던 세상이 문을 닫히고 말았다. 내 이야기도 함께 끝났다.

정조의 시간을 따라가 보아요!

1752년 9월 22일	창경궁 경춘전에서 태어나다. 사도 세자와 혜경궁 홍씨의 두 번째 아들이다.
1754년 9월 2일	첫 스승 남유용이 보양관이 되다.
1757년 10월 19일	영조 앞에서 배운 것을 이야기하다. 영조는 스승 남유용에게 호랑이 가죽을 선물하다.
1759년 2월 12일 윤 6월 22일	왕세손으로 책봉하라는 임금의 명이 내려지다. 세손 책봉례가 거행되다.
1760년 1월 1일	경희궁 존현각에 거처하면서 일기 쓰기를 시작하다.
1762년 2월 2일 윤 5월 21일	김시묵의 딸과 혼례를 올리다. 사도 세자가 뒤주에 갇혔다가 세상을 떠나다.
1762년 7월 24일 8월 1일	영조가 세손을 동궁으로 세우겠다는 뜻을 밝히다. 동궁으로 정했음을 선포하는 교서가 내려지다.
1764년 2월 9일	영조와 함께 친경례에 참석하다.
1764년 2월 23일	효장 세자의 아들로 정해지다.
1775년 12월 7일	영조를 대신하여 대리청정을 시작하다.
1776년 3월 10일 3월 20일 9월 25일	경희궁 숭정전에서 임금의 자리에 오르다. 아버지 사도 세자의 시호를 장헌 세자로 바꾸고 무덤인 수은묘를 영우원으로 바꾸다. 정조의 개혁정책을 뒷받침하는 핵심기관인 규장각이 만들어지다.
1777년 3월 21일	서얼 차별을 금지하는 법을 만들다. 서얼도 능력이 되면 관직에 나갈 수 있게 하다.
1777년 7월 28일 8월 6일	경희궁 존현각으로 자객이 침입하다. 거처를 창덕궁으로 옮기다.
1778년 1월 12일	죄수와 관련 규정을 마련한 〈흠휼전칙〉을 편찬하다.
1778년 8월 27일	춘당대에 나가 추수하는 것을 지켜보다.
1781년 2월 18일	초계문신 관련 규정을 만들다.
1783년 4월 1일	아버지 사도 세자에게 장헌 세자라는 존호를 올리는 행사를 거행하다.
1783년	경춘전에 〈탄생전〉이라는 현판을 달다.

1783년 11월 5일	고아들을 구제하는 방책인 〈자휼전칙〉을 전국에 반포하다.
1785년 7월 2일	정조의 친위군영 장용위를 설치하다.
1788년 7월 19일	장용위를 장용영으로 만들면서 관련 규정을 완성하다.
1789년 10월 7일	사도 세자의 묘 영우원을 수원 화산 아래로 옮기고 현륭원으로 이름도 바꾸다.

1790년 4월 29일	〈무예도보통지〉를 완성하다.
1790년 6월 18일	수빈 박씨와의 사이에서 원자를 낳다.
1791년 1월 18일	흑산도 주민 김이수가 격쟁을 하다.
1791년 2월 12일	백성들의 자유로운 상업 활동을 위해 금난전권을 폐지하다.
1792년 10월 30일	춘당대에서 활쏘기를 한 후 신하들에게 고풍을 내리다.
1793년 1월 12일	수원을 화성으로 바꾸고 유수부로 승격시키다.
	첫 화성유수에 좌의정 채제공을 임명하다.
1794년 1월 15일	화성 건설을 시작하다.
1795년 윤 2월 9일 ~ 2월 16일	혜경궁 홍씨 회갑연을 위한 화성 행차를 하다.
1795년 3월 1일	만석거 공사를 시작해 같은 해 5월 18일에 완성하다.
1795년 6월 18일	창경궁 홍화문에 나가 어머니 회갑을 기념하며 백성들에게 쌀을 나눠 주다.
1795년 10월 28일	〈주서백선〉을 새로 인쇄하여 읽기 시작하여 같은 해 12월 16일에 다 읽다.
1795년 11월	대유둔전 완성되다.
1796년 8월 19일	화성 성곽 축성 사업이 끝나다.
10월 16일	화성 완공 잔치가 열리다.
1797년 1월 5일	건강이 안 좋아지면서 풍년을 기원하는 행사를 대신들에게 맡기다.

1800년 1월 1일	원자를 왕세자로 정하다.
1800년 6월 28일	창경궁 영춘헌에서 세상을 떠나다.
1800년 11월 6일	현륭원 동쪽 언덕에 묻히다.

* 연대기에 표시된 날짜는 음력 기준임.

 참고 자료

김문식, 《정조의 생각: 조선 최고의 개혁군주는 어떻게 탄생했는가》, 글항아리, 2014
김정진, 《독서대왕 정조》, 자유로, 2013
김준혁, 《리더라면 정조처럼》, 더봄, 2020
남현희 편역, 《일득록: 정조대왕어록》, 문자향, 2010
박정숙, 《조선의 한글 편지》, 다운샘, 2017
박철상 외, 《정조의 비밀 어찰, 정조가 그의 시대를 말하다》, 푸른역사, 2011
수원화성박물관(편), 《(정조의 어린 시절)제왕으로 가는 길》, 수원화성박물관, 2011
심재우 외, 《조선의 세자로 살아가기》, 돌베개, 2013
안대회, 《정조의 비밀 편지: 국왕의 고뇌와 통치의 기술》, 문학동네, 2010
안대회, 《정조치세어록》, 푸르메, 2011
이덕일, 《정조와 철인정치의 시대》, 고즈윈, 2011
이이화, 《한국사이야기 15 문화군주 정조의 나라만들기》, 한길사, 2015
정창권, 《정조처럼 소통하라》, 사우, 2018
한영우, 《정조 평전 : 성군의 길》(상, 하), 지식산업사, 2017